Finanzas familiares

Si está interesado en recibir información
sobre nuestras publicaciones,
envíe su tarjeta de visita a:

Amat Editorial
Comte Borrell, 241
08029 - Barcelona
Tel. 93 410 67 67
Fax 93 410 96 45
e-mail: info.amat@gestion2000.com

David Bach

Finanzas familiares

Cómo conseguir seguridad financiera y alcanzar sus sueños

Amat Editorial

La edición original de esta obra ha sido publicada por
Broadway Books
Título original en inglés: *Smart couples finish rich*
© David Bach - New York, 2001
y para la edición en lengua castellana
© Editorial Amat S.L. – Barcelona, 2002
Traducido por Mariona Barrera
ISBN: 84-9735-009-X
Depósito legal: B-2845-2002
Fotocomposición: Text Gràfic
Impreso por Limpergraf S.L. Mogoda 29, Barberà del Vallè s (Barecelona)
Impreso en España — *Printed in Spain*

Para mi extraordinaria mujer Michelle…
Eres mi mejor amiga, consejera y mi protectora.
Gracias por creer en todo momento en mí y en mis sueños.

Te quiero.

Índice

Agradecimientos

Mucha gente hizo posible que *Las mujeres inteligentes acaban ricas* (Ediciones Gestión 2000, Barcelona, 2001) se convirtiera en un bestseller norteamericano y que *Finanzas familiares* sea una realidad. Gracias a la ayuda y al cariño de las siguientes personas he podido realizar este increíble trayecto y acercarme a tanta gente.

Primero, querría agradecer a los lectores de *Las mujeres inteligentes acaban ricas*. Lo mejor de escribir un libro es conocer los comentarios de los lectores que se han visto motivados a movilizarse. Debo agradecerles a todos los que me han escrito por *e-mail* o me han enviado cartas por dedicar parte de su tiempo a hacerme saber cuánto he influido en sus vidas. Saber que me he acercado a algunas personas es lo que hace que todo el esfuerzo de escribir, hablar y viajar valga la pena.

Gracias a Suzanne Oaks, mi editora de Broadway Books. Lo conseguimos. Estoy agradecido por sus increíbles consejos y por su ayuda. Sus ideas respecto al dinero siempre son adecuadas. Gracias a mi relaciones públicas, David Drake, por su ayuda impagable en mi primer libro. Creo que ahora volveremos a divertirnos y a tener el mismo éxito con este libro.

Trabajar con Allan Mayer en estos dos libros ha sido un verdadero placer. Estamos muy sincronizados y estoy muy agradecido por tenerle como colaborador. Debo agradecerle que siempre haga lo que dice que va a hacer. Es muy buen actor.

Debo estar muy agradecido a todo mi equipo en Van Kampen Mutual Funds. Como resultado de sus esfuerzos, hemos conseguido acercarnos a 100.000 mujeres a través de los seminarios «Las mujeres inteligentes acaban ricas» y no hemos hecho más que empezar. Gracias a Lisa Kueng por su incansable trabajo para crear uno de los mejores sistemas de seminarios del mundo. También debo darles las gracias a Scott West, Gary DeMoss y Brett Van Bortel por creer en mí y en la fuerza de este proyecto. Finalmente, gracias a los miles de consejeros financieros que actualmente presentan los seminarios «Las mujeres inteligentes acaban ricas» en Estados Unidos. Gracias por transmitir el mensaje.

Debo agradecer a Larry Rifkin de la televisión pública de Connecticut que haya trabajado tanto para conseguir que *Las mujeres inteligentes acaban ricas* sean tan especiales. Un programa en la televisión pública necesita un patrocinador y, en mi caso, tuve la suerte de tener tres. Primero, gracias a Rick Sapio, el incansable fundador de Mutuals.com. Siempre estaré agradecido que fuera el principal patrocinador. También debo darles las gracias a los otros patrocinadores: Women.com y Van Kampen Mutual Funds.

Ha sido un placer trabajar con mis amigos y compañeros en el *La tienda en casa*: Mark Bozack, Kim Patterson, Michelle Smith, Alicia [?] y [otros nombres]. Estoy muy contento por haber tenido la oportunidad de aparecer en HSN y conseguir tanta audiencia. Estoy impaciente por poder volver a trabajar con vosotros en un futuro con *Finanzas familiares* y *Smart kids finish rich* (*Los niños inteligentes acaban haciéndose ricos*).

Siempre estaré en deuda con la mejor agente del mundo, Jan Miller, por sus consejos y por los sabios acuerdos que ha conseguido. Debo agradecerle a Shannon Miser Marvin por devolverme todas las llamadas, por arreglar todos los contratos y por habérselas con centenares de detalles que siempre tienen que solucionarse. Es la mejor.

Gracias a Laura Clark del The Ford Group por los ocho meses de dedicación personal como relaciones públicas y por organizar mi apretada agenda. Realmente ha contribuido a que esta rueda haya girado.

También quiero expresar mi gratitud a todos mis mentores y preparadores. Siempre estaré agradecido a Bill Bachrach por su programa TAC. A Bill Phillips, autor de *Body for Life*, cuyo libro ha hecho que cosas extraordinarias hayan mejorado no sólo mi salud sino también la de Michelle. Gracias a Dan Sullivan por *Strategic Coach* y por *Strategic*

Couples. Su programa de entrenamiento ha cambiado totalmente la calidad de nuestras vidas. Gracias a Tony Robbins, un verdadero líder y el mejor preparador del mundo por crear *Date with Destiny*; gracias a sus programas he podido realizar mis sueños.

Siempre apreciaré todo lo que han hecho Adam Ezrilov y Kathy Price, mis inolvidables «manos derechas» en The Bach Group. Gracias por conseguir que The Bach Group crezca, que los clientes estén satisfechos y que yo esté de buen humor mientras escribo, hablo, trabajo y gestiono el dinero —todo al mismo tiempo. Al resto del equipo de Bach Group —Marty Bach, Emily Bach, Tom Moglia, Jeff Borges, Sharon Koby, Lenore— gracias por convertirlo en el mejor grupo de gestión de dinero del mundo.

Las palabras no pueden expresar cuánto quiero a mis increíbles padres, Bobbi y Marty Bach. Estoy muy agradecido por su cariño ilimitado y por su aliento. Su confianza en mis capacidades y el constante «ánimo» que me han ofrecido, tanto en los momentos buenos como en los desafiantes, me han ayudado a seguir adelante. Gracias por proporcionarme un ejemplo de lo que es un buen matrimonio y de lo que significa ser una pareja inteligente que trabaja conjuntamente para tener éxito en la vida.

Quiero felicitar a mi hermana Emily por su éxito. Gracias por realizar los seminarios «Las mujeres inteligentes acaban ricas» y por compartir el mensaje. Pero lo más importante: gracias por ser una hermana tan estupenda y una gran amiga. Gracias a mi cuñado Tom Moglia por hacer que mi hermana sea tan feliz y por ser un gran tipo con tanta experiencia.

Debo agradecer a mi «segunda familia», Joan, Bill, Nanna y Michael, por su cariño constante y su aliento y por recomendar mi libro a todos sus amigos. Pero, sobretodo, gracias a Joan y Bill por tener una hija como Michelle y por dejar que me casara con ella.

. A mi increíble grupo de amigos de toda la vida —Betsey y T.G. Fraser, Jeff y Caroline Guenther, Donna y Jeff Odiorne, Jenny y Bill Holt, Steve Jones, Elliot Blumberg, David Kronick, Jeff y Dawn Adams, Tom Cooper, Andrew y Belinda Donner, Karen y Drew Warmington, Adam y Julie Young— tengo que darles las gracias por su cariño y por ser los mejores amigos que una persona pueda pedir.

Finalmente, gracias a mi abuela Rose Bach por ser mi inspiración original para escribir *Las mujeres inteligentes acaban ricas*. Te quiero y te echo de menos cada día. Gracias por vigilarme desde el cielo.

Os estoy muy agradecido a todos desde el fondo de mi corazón.

David Louis Bach

San Francisco, California

Introducción

Por qué las parejas inteligentes toman el control de su futuro financiero

Nunca olvidaré la primera discusión que tuve con mi mujer Michelle sobre cuestiones de dinero. Acabábamos de volver de la luna de miel y los aires de recién casados todavía nos envolvían. Nuestro apartamento nuevo estaba muy bien. Estábamos muy emocionados por empezar a compartir nuestras vidas.

Mientras Michelle empezó a deshacer las maletas, me senté a la mesa de la cocina y empecé a mirar el correo. Como habíamos estado fuera casi dos semanas había mucha correspondencia. Empecé a separar lo importante de la propaganda, separando los recibos que se tenían que pagar y colocándolos en pilas bien organizadas. Para mí, estos recibos por pagar no serían un problema. Después de todo, Michelle y yo éramos profesionales de las finanzas. Me encargaba de gestionar el dinero de centenares de parejas y ella colaboraba en la gestión de valores de contratación restringida. Además, en los últimos cinco años había dado clases de gestión financiera y estaba empezando a escribir un libro sobre el dinero para mujeres. Pagar los recibos y gestionar el dinero como una pareja iba a ser una obligación demasiado fácil.

¿Fácil y sencillo?

A medida que miraba los recibos, creaba una pila para «David» y otra para «Michelle». Iba a ser fácil. Yo pagaría mis recibos (como, por ejemplo, los gastos de mi coche y de mi teléfono móvil) y Michelle los suyos (los gastos de su coche y de su móvil). Compartiríamos los recibos de la casa, por lo que creé otra pila para «Gastos comunes». Y, ¿quién pagaría los recibos del seguro? Tendríamos que hablarlo. Por eso, necesitaba otra pila para «temas pendientes». En total había creado cuatro pilas distintas.

Me encontré con un recibo de la señora de la limpieza. Pensé que podía ir en la pila de los gastos comunes. Pero, ¿qué debía hacer con el recibo de la American Express con todos los gastos de la luna de miel? Como la tarjeta de crédito estaba a mi nombre, la coloqué en mi pila. ¿La tintorería? A pesar de que empezábamos a llevar la ropa a la misma tintorería, la cuenta estaba a mi nombre, por lo que la pagaría yo. ¿A cuánto ascendía el recibo? Debía de haber un error. ¿Cómo podía haberse triplicado la cantidad del recibo de la tintorería en un mes?

Michelle se encontraba en la habitación ordenando la ropa.

—Cariño —le pregunté— ¿sabes que nos han cobrado siete dólares por limpiar cada uno de tus jerseys? ¿Cómo puede costar tanto limpiar la ropa de las mujeres? ¿Y sabes que llevaste siete jerseys en un mes? Esto es de locos. Vamos a tener que separar nuestras cuentas de la tintorería porque no voy a pagar estos ridículos precios por ti.

Michelle dejó lo que estaba haciendo y se dirigió hacia la cocina.

—Claro que sé que cuesta siete dólares limpiar un jersey —me contestó.

Se fijó en las pilas de recibos que yo había creado meticulosamente.

—¿Qué es esto? —me preguntó.

Le ofrecí una gran sonrisa.

—Estoy organizando el correo. Estoy separando los recibos para ver qué tiene que pagar cada uno.

Michelle me miró extrañada.

—Cariño, no tienes que gastar el tiempo haciéndolo. Es muy fácil. Vamos a juntar nuestro dinero en una cuenta corriente conjunta y lo pagaremos todo junto.

–¿De verdad?

–Claro que sí. Ahora estamos casados, nos queremos y a partir de ahora todo lo que tenemos es de los dos y todo lo haremos juntos.

–Bueno, esto no es lo que yo había pensado –le confesé. Como presentí una pequeña tensión, añadí rápidamente–: En un principio, como mínimo creo que sería más fácil si dividiéramos estas cosas.

–Pero David –me replicó Michelle– tú ganas más y gastas más dinero que yo. No puedes pretender que dividamos todos estos recibos entre dos.

–Bueno, claro que no –le dije–. Pensaba en dividirlos de alguna manera justa.

–¿Y qué es justo?

Buena pregunta, pensé.

–Tengo que pensarlo un poco.

Michelle negó con la cabeza.

–No es necesario. Yo te diré lo que es justo. Lo justo es poner todo nuestro dinero en una única cuenta y pagar todos los recibos con el dinero de esta cuenta.

Algo no funciona

Pasaron algunos meses y Michelle y yo aún no nos habíamos puesto del todo de acuerdo sobre qué debía pagar cada uno. Desgraciadamente, los recibos continuaban llegando, como un reloj, cada treinta días; aunque conseguimos que se pagaran más tarde (y, por tanto, estábamos pagando un recargo por el retraso).

Al darme cuenta de todo el dinero que estábamos gastando en estos recargos, empecé a alterarme y a culpar a Michelle del problema. En cambio, ella me recriminó que todo era culpa de mi estúpido «sistema de pilas». No había nada más que hablar, lo que estábamos haciendo no funcionaba. Y en vez de solucionarse por sí solo, el problema iba empeorando. En vez de sentarnos y pensar cómo podíamos reconciliar nuestras diferentes posturas sobre cómo gestionar el dinero en un sistema sencillo que nos fuera bien a los dos, continuábamos haciendo «suposiciones». Suponía que Michelle sabía que yo quería arreglar el tema del dinero y ella suponía que yo sabía que ella también lo quería. Ambos suponíamos que el otro estaba pagando ciertos recibos. No nos encontrábamos en el mismo lugar y las consecuencias eran que el tema del dinero nos estaba creando más estrés del que debía.

Buenas noticias

Finalmente, Michelle y yo llegamos a un sistema para gestionar nuestro dinero de forma conjunta. Así que estoy contento de poder afirmar que actualmente las cosas nos van mucho mejor en el tema financiero. Ahora trabajamos juntos en nuestras finanzas y en vez de hacer suposiciones sobre cómo se siente el otro nos hemos esforzado por comprender las ideas del otro. En poco tiempo hemos aprendido a dar prioridad a las conversaciones financieras y a planear nuestros objetivos y sueños juntos. Hacer esto lo ha cambiado todo: se han acabado las discusiones y hemos centrado nuestra energía en el lado positivo de nuestra relación en vez de en los problemas.

Si miramos hacia atrás, no es sorprendente que como recién casados Michelle y yo pasáramos una mala época pensando en cómo gestionar nuestro dinero. A pesar de que ambos teníamos un bagaje financiero, nunca nos habían enseñado cómo gestionar el dinero como pareja. Por este motivo ninguno de los dos había pensado lo diferentes que pueden ser las cosas al pasar de ser dos personas solteras que se distribuyen el dinero por separado a tener que gestionarlo juntas como una pareja.

Sin duda lo que Michelle y yo vivimos no es exclusivo. A la mayoría de parejas nunca les han enseñado cómo planificarse el futuro financiero de forma conjunta. Por tanto la mayoría de parejas casi no hablan de dinero… a no ser que sea para discutir sobre él. Mi objetivo es que este libro cambie esta situación. Mi experiencia de diez años como asesor financiero y de tres años como marido, me permite afirmar que es posible y divertido convertirse en una pareja inteligente que acaba haciéndose rica. La clave para poder «ganar financieramente» es aprender cómo dar los pasos adecuados en el orden correcto. En realidad no es difícil, sobretodo cuando se hace conjuntamente como pareja.

En este libro les vamos a explicar cómo pueden hablar y gestionar su dinero los dos juntos, como pareja, de forma inteligente. Independientemente de que acaben de empezar una relación o de que se encuentren a la mitad, de que sea su primer matrimonio o el cuarto, este libro les mostrará cómo alcanzar sus objetivos financieros y personales de forma sincronizada, cómo trabajar juntos para conseguir que sus sueños se hagan realidad. Además, si tienen temores respecto al dinero –como la mayoría de parejas– aprenderán a reconducir la situación y a superarlos en sintonía.

La guía para vivir –y acabar– siendo rico

El objetivo de este libro es proporcionar una guía orientada a la acción que les permita tomar el control de su dinero como pareja. En los siguientes capítulos, aprenderán todo lo que necesitan para vivir y acabar siendo ricos. Especialmente, verán:

- Cómo aprender a ganar dinero… juntos (sin pelearse).

- Cómo centrarse en los valores de cada uno y dar prioridad a lo más importante.

- Cómo utilizar lo que yo denomino el factor «del café con leche» para transformar cualquier tipo de renta en unos ahorros de un millón de dólares.

- Cómo proteger a la familia con una «cesta de seguridad», preparar el futuro con una «cesta para la jubilación» y financiar sus sueños con una «cesta para los sueños».

- Y, finalmente, cómo multiplicar por diez sus ingresos como pareja en nueve semanas.

Seguro que algunos de ustedes han leído en el pasado algún libro sobre inversiones que les ha parecido aburrido. Les prometo que este será diferente. La verdad es que invertir es un gran acontecimiento cuando se sabe exactamente qué hacer y cómo hacerlo. El problema de muchos libros sobre inversiones —y de la mayoría de asesores financieros— es que hablan sin tener en cuenta al público. No es lo que encontrarán en este libro porque mi propuesta para vivir y acabar siendo rico implica unas técnicas increíblemente sencillas que pueden cambiarles la vida si las llevan a cabo.

Si mis abuelos pudieron hacerlo, ustedes también

A mí me enseñó a invertir mi abuela, Rose Bach. Fue ella la que me ayudó a comprar mis primeras acciones. Sólo tenía siete años y el valor era una acción de la empresa propietaria de mi restaurante favorito: McDonald's.

¿Dónde aprendió mi abuela a invertir? Es una historia divertida.

Mis abuelos no tenían dinero ni una educación universitaria. Durante la Gran Depresión vivían en Milwaukee, Wisconsin, y como la mayoría de norteamericanos de aquellos tiempos luchaban para mantenerse a flote. Como solía decir mi abuelo: «Tienes que darles importancia a los peniques porque juntándolos consigues un dólar.» Afortunadamente para mi abuelo —y, en última instancia, para mí y toda la familia— poco después de que mi abuela cumpliera treinta años ella tomó una decisión que transformó nuestras vidas.

Un día, cansada de no dejar nunca de luchar para conseguir sus objetivos, decidió que algún día ella iba a ser rica. Fue una decisión importante, en aquella época, porque ella ganaba sólo 10 dólares a la semana. Y mi abuelo todavía ganaba menos: 5 dólares a la semana.

El primer paso que realizó fue aumentar sus pequeños ahorros. Así, mi abuela y mi abuelo empezaron a guardar el 10% de sus pagas semanales en un pote de café en la cocina.

Después de ahorrar durante un año, mi abuela cogió el dinero que habían acumulado y se fue a una oficina bancaria local para abrir una cuenta. No la recibieron, precisamente, con los brazos abiertos. Escandalizados de que una mujer casada fuera a verlos sola, el director de la oficina le pidió que se marchara y que no regresara sin su marido.

Otra persona se hubiera sentido intimidada; pero mi abuela no. Era una mujer fuerte y decidida.

—Caballeros —les dijo—, si no quieren mi dinero, me iré y abriré una cuenta en la oficina de la competencia.

Consiguió abrir una cuenta y empezó a invertir lo que mis abuelos ahorraban cada semana. Para no alargar esta historia, les confesaré que, finalmente, sus inversiones la convirtieron en millonaria. (Sus inversiones también crearon una tradición familiar: su hijo —mi padre, Marty— se convirtió en asesor financiero, así como también sus nietos, mi hermana Emily y yo.)

Pero, evidentemente, las cosas no siempre funcionan como la seda. Hace unos años le pregunté a mi abuela cómo había pasado aquel primer año.

—Ya sé como acabó todo, pero ¿cómo fue el principio?

Mi pregunta le hizo gracia.

—Verás David, compré cuatro acciones… ¡y su valor bajó hasta cero en menos de un año!

Me quedé sorprendido.

—¿Cero? —repetí—. ¿Y qué dijo el abuelo?

Se puso a reír, le brillaban los ojos.

—¡No se lo conté! —me respondió.

—Pero ¿qué te hizo continuar? —le pregunté—. ¿Cómo pudiste continuar invirtiendo después de haber perdido todo el dinero de todo un año de ahorros?

Me miró fijamente, y me contestó:

—David, te he dicho que quería ser rica, no pobre. —Continuó explicándome que enseguida se dio cuenta de que el problema no era el mercado de valores, ni el corredor de bolsa ni las acciones que ella había elegido—. El problema era yo —añadió—. No sabía lo más importante sobre las inversiones. No había ido a clases de inversión. Tu abuelo no sabía nada sobre dinero. Éramos como un ciego que guiaba a otro ciego.

Pero más adelante se dio cuenta de algo que cambió su vida en aquel momento.

—Si íbamos a ser ricos, tenía que aprender cómo conseguirlo. Necesitaba ir a clases, leer libros, estudiar el mercado de valores y hacer amistad con la gente rica.

Esta confesión de mi abuela me enseñó una lección que he recordado toda la vida.

Mi abuela me enseñó muchas cosas sobre el dinero, pero ninguna tan importante como la siguiente:

Si quieres hacerte rico, tienes que aprender a ganar dinero

La verdad es que cualquiera puede convertirse en un inversor. De hecho, hoy en día, con Internet todavía es más fácil empezar. Pero convertirse en inversor no es lo mismo que hacerse rico. Si mi abuela no se hubiera dado cuenta de que tenía que ser lista con el dinero, ella y mi abuelo habrían terminado probablemente como el 90% de todos los norteamericanos: luchando para sobrevivir durante la jubilación.

La historia de mi abuela nos enseña otra lección que vale la pena hacerla constar en este libro:

No necesitas ser rico para ser inversor

Mis abuelos empezaron a partir de casi nada, sólo podían ahorrar unos dólares por semana. Con el tiempo, fueron capaces de conseguir una cartera (un conjunto de acciones por un valor) de un millón de dólares. ¿Cómo lo hicieron? Haciendo planes juntos, ahorrando juntos e invirtiendo juntos. Si hubieran pensado que no podían hacerlo porque eran pobres y porque no tenían estudios superiores, habrían sido siempre pobres. Pero esto no es lo que hicieron. Decidieron cambiar sus vidas. Decidieron ser una pareja inteligente que acaba haciéndose rica.

Pero bueno, esto lo hicieron mis abuelos y hace mucho tiempo. En cuanto a ustedes, ¿cuál es su situación actual?

¿Un libro como este puede realmente cambiar su manera de pensar respecto al dinero y ayudarles a conseguir sus sueños financieros?

La respuesta es sin lugar a duda afirmativa.

¿Puede ser realmente divertido el proceso de trabajar en sus finanzas como una pareja?

Evidentemente. De hecho, hay muy pocas cosas en una relación que puedan solidificar más la unión y fortalecer más la pareja que planear su futuro financiero juntos. Piensen en ello. La mayoría de parejas decide pasar el resto de sus vidas juntos porque se quieren de verdad y quieren construir una vida juntos. Nunca he conocido a una pareja que diga: «Es genial estar juntos porque así podemos discutir habitualmente sobre el dinero.» Pero aunque a nadie le gusta pelearse por el dinero, la verdad es que muchas parejas lo hacen.

Según los expertos, el primer motivo de divorcio en Estados Unidos no es el sexo ni la religión ni los problemas con la familia de la pareja. Son las peleas sobre el dinero. Como he aconsejado individualmente a centenares de parejas a lo largo de mi carrera de asesor financiero, puedo asegurarles a partir de mi experiencia de primera mano que trabajar juntos en el tema financiero incrementa sustancialmente las oportunidades no sólo de tener un éxito financiero sino también de permanecer felices juntos como pareja. La clave está en realizar juntos el camino, no por separado.

Este libro está pensado para las parejas que quieran conseguirlo. Si están buscando un libro que les explique cómo esconderle sus beneficios a su pareja o cómo mantener su dinero por separado, pueden dejar de leer este libro en este instante. Mi objetivo es ayudarles a ser la pareja más unida que pueden llegar a ser y la mejor manera que conozco para conseguirlo es realizando este camino juntos.

Hacerse cargo de la situación juntos: el secreto de su éxito

Ya se habrán dado cuenta de que he estado refiriéndome a su esposo/a o a su compañero/a como a su «pareja». Lo he hecho intencionadamente porque en una buena relación es lo que un/a esposo/a o compañero/a debería ser: una pareja.

La importancia de actuar como una pareja en el tema del dinero se me hizo aparente después de haber publicado mi primer libro *Las mujeres inteligentes acaban ricas* (Ediciones Gestión 2000, Barcelona, 2001). Una de las cosas buenas de escribir un libro es que a menudo el autor recibe las respuestas de algunos lectores que quieren expresarle sus opiniones. Durante los meses posteriores a la publicación de *Las mujeres inteligentes acaban ricas*, recibía diariamente docenas de correos electrónicos de lectores que me contaban cómo les había influido el libro.

La mayoría de los mensajes eran increíblemente positivos, pero algunos me preocuparon. Por ejemplo, una mujer me escribió: «Su libro ha cambiado mi vida. Ahora estoy muy motivada y me ocupo de mis finanzas. El problema es que no he conseguido que mi marido cambie. Sin su apoyo, no sé si mis esfuerzos valdrán la pena.» En la misma línea, otra mujer me escribió: «Son buenas ideas en teoría, pero mi marido no quiere ahorrar, se gasta todos nuestros ingresos en 'cositas para él' y no quiere oír mis ideas.»

No se trataba sólo de mujeres que se quejaban de sus irresponsables maridos. Aunque *Las mujeres inteligentes acaban ricas* estaba pensado para las mujeres, recibí un buen número de *e-mails* de maridos que habían comprado el libro para sus mujeres o novias… y que se habían encontrado con que a ellas no les interesaba. Por ejemplo, un hombre me escribió: «Leí su libro antes de regalárselo a mi mujer. Esperaba que le sirviera de motivación para involucrarse más en la economía familiar. Pero ella me dijo 'tú ya te ocupas muy bien de nuestro dinero, a mí no me interesa este tema'.»

Finalmente, recibí un *e-mail* que resumía perfectamente el problema. Me lo escribió una mujer de Omaha, Nebraska, y realmente me acabó de convencer.

David (escribió la mujer), después de leer su libro me he convertido en un motor de reacción supersónico en un avión. Estoy intentando con todas mis fuerzas seguir adelante para llegar al destino de mis sueños. Desgraciadamente, el motor de reacción de mi marido va en la otra dirección. Sé que su avión (nuestra planificación financiera) está a punto de chocar. No hay forma de moverse con un motor que va hacia delante y otro que va al revés. No sé qué hacer. Estoy pensando en saltar con paracaídas antes de que nos choquemos. ¿Tiene alguna sugerencia?

Este *e-mail* fue el que hizo darme cuenta de que necesitaba escribir un libro sobre las finanzas personales para parejas. Como me dijo la mujer de Omaha, la planificación financiera de una pareja es un conjunto, como un avión con dos motores. Si los dos motores no van en la misma dirección o no funcionan con la misma fuerza, habrá problemas. Sin un trabajo de equipo, para la mayoría de parejas la planificación financiera se convierte en una batalla, no en una victoria. E ignorar el problema no hará más que empeorar la situación, porque los recibos van a llegar cada mes quiera o no quiera. No hay alternativa. Los recibos llegan, el estrés mensual aparece, las discusiones empiezan y cuando se da cuenta vuelve a estar al mes siguiente con los mismos problemas.

Ha llegado el momento en que los dos se hagan cargo de la situación

Esta es nuestra premisa básica: todas las parejas deberían ocuparse de sus finanzas juntos. Y cuando digo todas las parejas quiero decir *todas*. La edad es independiente. Sean una pareja de jóvenes de veinte años que empiezan a salir o una pareja de jubilados de setenta años pueden empezar hoy mismo a planificar su dinero conjuntamente. Lo que necesitan es que les faciliten las instrucciones. Y esto es lo que intento proporcionarles con este libro.

Casi todo lo que van a aprender mientras leen los siguientes nueve capítulos les parecerá increíblemente sencillo. Incluso puede ser que piensen: «Esto ya lo sé. Ya lo había oído antes.»

No dejen que esto les haga sentirse conformistas. Cuando se trata de dinero, haber oído algo no es suficiente; tienen que saber lo que significa. Y saber lo que significa una cosa no implica llevarla a cabo. Por ejemplo, aunque a todo el mundo le es familiar el concepto de «pagarse a uno mismo primero», la mayoría de las parejas no saben cuánto deben pagarse primero o dónde va a parar ese dinero. Como consecuencia no lo hacen.

· Uno más uno son cuatro

Cuando dos personas colaboran juntas para conseguir un objetivo, normalmente pueden lograrlo dos veces más rápido que si cada uno de ellos lo intentara por separado. Esta afirmación es especialmente aplicable cuando se trata de su dinero. Cuanto antes empiecen a trabajar juntos, más rápido pueden aumentar sustancialmente su futuro financiero. La clave es estar convencido de que independientemente de la situación desde la que empiecen –no importa lo mala o desesperada que parezca– las cosas pueden mejorar y mejorarán. Si en la actualidad no les funcionan bien los sistemas de deudas o de vivir de nómina a nómina, yo estoy aquí para decirles, gracias a mi experiencia personal como asesor financiero de miles de personas, que su situación puede mejorar y lo hará si los dos actúan juntos.

Del mismo modo, si ya han logrado un éxito financiero pero creen que por algún motivo el dinero no están consiguiendo que sus sueños se hagan realidad, estoy aquí para decirles que no se rindan, que pueden alinear sus valores con sus sueños y vivir plenamente su vida, si trabajan conjuntamente en el tema del dinero.

El camino de nueve pasos

El camino de nueve pasos empieza con un poco de autoeducación y termina con la realización de acciones que cambian su vida financiera. Cuando acaben de leer este libro, sabrán más cosas sobre su situación financiera personal, sus valores, sus objetivos financieros y las decisiones financieras específicas que tienen que tomar para convertirse en una de las pocas parejas que finalmente acaba haciéndose rica. Durante el proceso, se abarcan muchas temáticas diferentes. Sin embargo, se dará cuenta que cada paso es bastante fácil. ¿Cómo de fácil? Lo suficiente como para que empiece a enseñarles este proceso a la gente que más quiere.

A continuación, nos centraremos en este camino de nueve pasos. Cada uno de ellos está diseñado para construirse sobre el anterior. Cuando terminen de leer un paso, tendrán algo concreto que hacer o un sitio al que ir. Ésta es la parte activa del programa. Lo mejor de hacer esto como pareja es que pueden realizar las acciones conjuntamente.

En la primera parte del camino, van a aprender todo lo que no saben sobre sus finanzas. También aprenderán muchas cosas sobre su pareja y sus sentimientos respecto al dinero. Después, conocerán cómo repasar rápidamente sus propias creencias sobre el dinero, especialmente sus valores. Aprenderán a utilizar lo que denomino un círculo de valores para poner por escrito lo que es más importante para usted y para su pareja —que es como decir lo que valoran más en la vida. La mayoría de gente no relaciona lo que más valora con cómo gasta su dinero. Esta sencilla técnica les ayudará a utilizar el dinero de manera que apoye sus valores, lo que a la vez les ayudará a lograr que sus sueños se hagan realidad. A corto plazo, les hará imparables.

Una vez que estén preparados para vincular sus costumbres al gastar el dinero con sus valores, aprenderán cómo ordenar rápidamente sus finanzas. Aprenderán exactamente cómo organizar sus finanzas para que puedan saber dónde están y dónde deberían estar.

En este punto, podrán fijarse adónde va su dinero. Con una técnica divertida y eficaz que denomino el factor «del café con leche» de las parejas podrán aprender cómo hacerse ricos (como mis abuelos), sin tener en cuenta lo pequeña que sea su renta actual. Para muchas parejas este factor termina siendo la técnica más impactante porque es tan sencillo como eficaz. Cuando se está en pareja los ahorros disminuyen. Aprendiendo cómo invertir y ahorrar conjuntamente, pueden conseguir su objetivo de vivir y acabar haciéndose ricos más rápido de lo que puede hacerlo una persona sola.

Después, les mostraré mi propuesta de las «tres cestas» sobre las finanzas personales. En primer lugar, les explicaré cómo crear una cesta para la jubilación que les permita obtener unos ahorros de un millón de dólares (y no tienen que detenerse en este punto). En segundo lugar, les mostraré cómo crear una cesta de seguridad para proteger a su pareja, a usted y a su familia de los problemas financieros que surjan inesperadamente. Y, finalmente, les hablaré de mi cesta preferida, la cesta de los sueños, concretamente qué inversiones pueden utilizar para acumular los fondos necesarios para hacer sus sueños realidad.

En los dos últimos pasos, compartiré con ustedes algunos de los errores financieros más evidentes que las parejas cometen para que puedan evitarlos (y durante el proceso puedan ahorrar una fortuna). También les mostraré algunas técnicas concretas que pueden utilizar para incrementar sus ingresos conjuntos entre un 10% y un 30% en tan sólo un año. ¿Se imagina que sus ingresos aumentan un 20% en los próximos doce meses? Todo su futuro financiero parecería distinto.

El objetivo de este camino de nueve pasos es hacerles cambiar la manera de pensar respecto al dinero. No importa si actualmente ganan una cantidad por año o por mes, cambiando la manera de pensar en su dinero, este camino cambiará sus vidas.

La mejor manera de utilizar este libro

Antes de empezar, me gustaría darles algunas indicaciones sobre cómo aprovechar lo mejor que ofrece este libro. Para empezar, deberían entenderlo como una guía, concretamente, como la guía de sus finanzas personales que les conducirá al destino financiero que elijan. Al utilizar esta guía, me gustaría que pensaran en mí como en su entrenador financiero personal, un guía que les puede ayudar a encontrar el camino a través de los obstáculos y que los puede conducir rápidamente a la riqueza y a la felicidad que se merecen.

También deberían tener claro que aunque tomar el control de sus finanzas puede ser divertido y fácil, requiere un compromiso real. Como ya les he dicho anteriormente, aunque la mayoría de libros sobre financiación personal se compran con buenas intenciones, la gente no pasa de los primeros capítulos. Así que cuando empiecen éste, háganse un favor: comprométanse a invertir las horas necesarias para leer este libro y lleven a cabo los nueve pasos. Les prometo que así como estos pasos son fáciles de realizar, si se comprometen a llevarlos a cabo, les cambiarán la vida. Como les suelo decir a mis alumnos y clientes, si consiguen realizar dos o tres pasos, serán mejores que el 80% de la población. Si realizan cinco o seis, serán mejores que el 90% de toda la gente. Y si realizan los nueve pasos, terminarán en la élite financiera.

He organizado el libro intencionadamente para que cada uno de los nueve capítulos trate sobre cada uno de los nueve pasos del camino. Aunque cada paso es independiente, se construyen sobre los anteriores. Por eso les sugiero que lean los capítulos por orden. Incluso pueden proponerse leerlos dos veces antes de pasar al siguiente. ¿Por qué? Porque cuando leemos a menudo se nos pasa por alto algún aspecto y porque la repetición es la clave para desarrollar cualquier aptitud.

También les sugiero que después de leer un capítulo, se lo dejen leer a su pareja. Cuando lo haya terminado, deben hablar sobre lo que han leído y luego dar el paso propuesto conjuntamente.

Una última sugerencia: mientras leen el libro puede ser que se den cuenta de que no están haciendo todo lo que deberían hacer con su dinero. No lo utilicen como una excusa para echarle las culpas a su pareja, o a sí mismo. El objetivo de este libro es mejorar su futuro financiero, no hacerles sentir mal a usted o a su pareja. Cuando intentamos mejorar nuestras vidas, tendemos a ser demasiado duros con nosotros mismos. Si su vida financiera todavía no es como les gustaría, no se preocupen: están a punto de cambiarla. Ya han tomado la primera decisión. Han comprado el libro y lo están leyendo. Así que dense un respiro y una oportunidad.

El camino que usted y su pareja van a tomar juntos cambiará sus vidas para siempre. Así que diviértanse durante el proceso y recuerden que ya han dado el paso más importante para controlar su futuro financiero. Han decidido vivir de una manera inteligente y acabar haciéndose ricos juntos, como una pareja.

Paso 1

Conocer las realidades y los mitos sobre las parejas y el dinero

John se sentó en mi oficina con una sonrisa de oreja a oreja. De hecho, estaba casi radiante. Después de más de cuarenta años como propietario de una imprenta con éxito, se encontraba a tan sólo dos meses de la jubilación. Vino a mi despacho con su esposa Lucy, con la que llevaba más de treinta años casado, para hacer algunos planes. Entusiasmados por estar a punto de iniciar esta nueva fase de su vida juntos, los dos me hacían preguntas para comprobar si sería el asesor financiero adecuado para ellos. Como acostumbro a hacer en estas situaciones, empecé la cita haciéndoles una pregunta sencilla:

—A tan sólo sesenta días de la jubilación, ¿cómo se les presenta a los dos?

John se inclinó hacia mí confidencialmente.

—Nos trasladaremos a Carolina del Sur, donde poseemos unos terrenos —me explicó—, y vamos a construirnos una pequeña casa con dos habitaciones al lado de un lago y voy a ir a pescar cada día.

Después de esta afirmación, volvió a acomodarse en la silla sonriendo como un niño pequeño.

Sin embargo, Lucy tenía una mirada diferente en la cara, una combinación de desagrado y de incredulidad. Mirándolo fríamente como si fuera un extraño y lo viera por primera vez que lo veía, le preguntó:

—¿Y con quién piensas trasladarte a Carolina del Sur?

En ese momento, fue John el que se quedó sorprendido.

—Bueno, contigo, evidentemente —respondió con sumisión.

Lucy se puso a reír y le dijo:

—John, si crees que voy a dejar a nuestros hijos, nietos y a nuestra casa de cinco habitaciones en Danville para que puedas ir a pescar a Timbuctu, te has vuelto loco.

John me miró pidiendo ayuda y se volvió hacia Lucy.

—Pero compramos esa tierra en Carolina del Sur para construir la casa de nuestros sueños cuando me jubilara. ¿Lo recuerdas?

—John, ¡eso fue hace veinte años! —le respondió con brusquedad—. Ni siquiera has mencionado esos terrenos en los últimos diez años. Yo tenía esperanzas de que lo hubieras olvidado.

Peter y Mary se sentaron en mi despacho, los dos estaban radiantes de felicidad. El día anterior, después de cinco años de meticulosa planificación, los dos —con cincuenta años recién cumplidos— habían cogido la jubilación anticipada de sus respectivos trabajos. Dos jubilaciones de dos empresas diferentes en un mismo día; no está mal. La tarde anterior lo habían estado celebrando, primero, en la fiesta de jubilación de él y, más tarde, en la de ella. La alegría que los dos sentían era contagiosa; parecían dos adolescentes recién graduados.

La pareja había ido a mi oficina para ocuparse del papeleo de sus jubilaciones. A primera hora de la mañana, se habían reunido con el abogado y el contable. Al día siguiente, realizarían el sueño que habían esperado —y planeado— durante tanto tiempo: trasladarse a un pueblo aislado en Mongolia, donde pasarían dos años como parte de un programa promovido por la iglesia mediante el cual ayudarían a construir una nueva escuela para los niños locales. Habían utilizado un programa de pago automático para que se encargara de sus facturas, tenían las cuentas de su jubilación invertidas con seguridad y tenían cubiertos los gastos de los siguientes dos años. Sus hijos iban a la universidad y los gastos de las tutorías ya estaban pagados. Lo habían hecho todo anticipadamente. Peter y Mary estaban ansiosos por coger el avión y empezar a vivir su sueño.

He empezado este camino con estas dos historias tan contrastadas porque ambas son ciertas —de hecho, tuvieron lugar en mi despacho durante la misma semana— y, si se comparan, muestran cómo puede diferir la planificación del futuro de diferentes parejas. Estoy seguro que la primera pareja, John y Lucy, no son el modelo que quieren seguir. Puede ser que la segunda pareja tampoco sea su ideal (sobre todo si, como en mi caso, su idea de la jubilación no encaja con un pueblo aislado de Mongolia). Pero la verdad es que el futuro de Peter y Mary parece excitante. Seguramente es porque está relacionado con los sueños que habían planeado los dos juntos y que ahora vivirán juntos. No se puede oír esta historia sin alegrarse por ellos.

Si actualmente tiene una relación y una pareja con la que planea convivir durante mucho tiempo, es razonable que quiera tener un futuro brillante en el que vivan y acaben haciéndose ricos conjuntamente. Pero ser inteligente y acabar haciéndose rico no es algo que simplemente sucede sin más. Requiere acciones reales y un compromiso de su parte.

No se trata sólo del dinero...

Este es otro aspecto importante para acabar haciéndose rico que muchas parejas pasan por alto: no se trata sólo del dinero. John y Lucy tienen dinero. Lo que no tienen es un plan para pasar la segunda parte de sus vidas juntos. Aunque llevan más de treinta años casados, ninguno de los dos sabe cómo quiere vivir su pareja sus años dorados. John piensa que él quiere ir a pescar y Lucy quiere saber con quién quiere ir a pescar. (Si creen que ella estaba bromeando al hacer la pregunta, vuelvan a pensarlo.)

Al haber ayudado como asesor financiero a incontables parejas en los últimos diez años, puedo afirmarles, gracias a mi experiencia de primera mano, que demasiadas parejas son como John y Lucy. Van por la vida sin planear realmente su futuro juntos; en muchos casos, ni siquiera han hablado de ello. Cada uno asume que de algún modo su pareja sabe lo que el otro desea (y está de acuerdo con ello). El resultado es, sin duda, un desastre.

Pero también me he encontrado con la situación opuesta. Cada día conozco y trabajo con parejas que llevan casadas mucho tiempo, en algunos casos décadas, que realmente funcionan como un equipo, como una única persona. Se han comunicado respecto al tema del dinero y han planificado su futuro financiero; en otras palabras, son parejas inteligentes que están viviendo y haciéndose ricas. Esto es lo que pretendo que los lectores consigan.

Las realidades y los mitos sobre las parejas y el dinero

La realidad es que la gestión del dinero no es una acción tan difícil. Si saben lo que deben hacer y lo que no, es bastante fácil. El problema es que no nos han enseñado a gestionar el dinero en el colegio. Como consecuencia, lo que sabemos lo hemos aprendido de nuestros amigos, de lo que oímos o del marketing. Por esta razón, mucha gente inteligente se pasa toda su vida realizando acciones erróneas con el dinero.

A menudo le digo a la gente...

No se trata de lo que sabe sobre el dinero;
es lo que no sabe lo que le hace perder el control.

Como la mayor parte de lo que la gente ha aprendido sobre la gestión del dinero es erróneo, para convertirse en una pareja inteligente que acaba haciéndose rica es importante olvidar lo que los dos creen saber sobre el tema. Para hacerlo, voy a compartir con ustedes algunos de los mitos más importantes sobre el dinero y las parejas. Si toman estos mitos por lo que son y aprenden cuál es la realidad, estarán mejor preparados para tomar las decisiones correctas sobre su dinero.

PRIMER MITO
Si nos queremos el uno al otro, no nos pelearemos por el dinero.

PRIMERA REALIDAD
El dinero no está relacionado con el amor, pero sí que lo está
con lo mucho que ustedes se pelean.

Tienen que tenerlo claro: el amor no tiene nada que ver con el dinero. No importa si usted ama a su pareja más que a nada en el mundo. Si los dos valoran el dinero de forma distinta y toman decisiones financieras que no satisfacen los sentimientos del otro respecto al tema, van a tener serios problemas de pareja.

El amor no lo conquista todo. Si lo hiciera, uno de cada dos matrimonios no acabaría en divorcio. El amor suele conducirle hasta el altar y crea una pasión para pocos años, pero un matrimonio sólido y duradero no se basa sólo en el amor. Así que plantéese durante un segundo estas afirmaciones básicas:

1. La manera cómo se gasta el dinero no tiene nada que ver con lo mucho que quiere a su pareja.

2. Probablemente, cada uno de los dos reacciona de una forma diferente cuando se trata del dinero.

3. Probablemente, cada uno de los dos valora el dinero distintamente.

4. Probablemente, cada uno de los dos gasta el dinero de una forma distinta.

Estas afirmaciones implican muchas diferencias. Así que si actualmente se pelean por el dinero, tengo buenas noticias para ustedes: son normales. Y más buenas noticias: no tienen que cambiar su comportamiento ni sus ideales para acabar haciéndose ricos. Tampoco tienen que convertirse en genios de las finanzas. Como aprenderán en este libro, lo que necesitan hacer para enriquecerse es bastante sencillo. No tienen que ser grandes cerebros ni tener mucha educación. No hay que realizar ejercicios de pensamiento positivo ni memorizar mantras. Todo lo que necesitan realizar es lo que denomino «acciones positivas».

De este modo, si se pelean por el dinero porque sus opiniones son diferentes, no se preocupen. Cuando terminen este libro se darán cuenta de lo rápida y fácilmente que pueden transformar sus vidas y su relación siguiendo, simplemente, los nueve pasos que voy a proponerles en el libro. Mientras tanto, recuerden que el amor no tiene nada que ver con acabar haciéndose rico.

Mis abuelos sólo tenían unos dólares cada semana para invertir. Sin embargo, con el paso del tiempo, se hicieron ricos.

Ya me imagino que estarán pensando en empezar en este preciso instante. Pero no vayan tan deprisa, fijémonos antes en las cifras. Lo más divertido de crear una riqueza es que se trata, básicamente, de un juego de cifras y las normas no varían mucho con el tiempo. Tengan en cuenta la siguiente afirmación:

Un dólar continúa valiendo mucho dinero... si fuerzan su aumento

Me gustaría que hicieran un experimento. Vayan a la cafetería más cercana una mañana y durante una hora cuenten el número de parejas que se toma un café. Supongamos que un *capuccino* cuesta unos 2,5 dólares. Fíjense cuánto dinero gasta la gente cada mañana en un café. ¿Alguna vez han pensado cuánto dinero suman el precio de estos pequeños cafés en un tiempo? ¿Cuánto dinero podría ganar si gastara un dólar menos en el café de cada día y lo guardara en un buen programa de inversión?

Un dólar al día puede convertirse en un millón de dólares

1 dólar al día al 5% = 1 millón de dólares en 99 años (demasiado tiempo, no es viable)

1 dólar al día al 10% = 1 millón de dólares en 56 años (si empieza a los siete años, será millonario a los 63)

1 dólar al día al 15% = 1 millón de dólares en 40 años (si empieza a los siete años, será millonario a los 47)

Aquí tiene los resultados si empieza a guardar un dólar cada día para usted.

Seguro que en este momento estarán pensando muchas cosas. Deben de pensar que un dólar cada día y un interés compuesto es una solución interesante y un poco ingeniosa, pero ¿de dónde van a obtener unos beneficios anuales del 10% o el 15%? (La respuesta correcta es la bolsa, pero ya se lo explicaré detalladamente más adelante.) Probablemente, también estarán pensando: «Es una idea muy buena, pero ya no tengo siete años.» Esto es cierto, pero a lo mejor tienen hijos de esta edad. Si los tienen, háganles un favor y enséñenselo.

Evidentemente, esto no les soluciona su problema. Tienen más de siete años y, de momento, no hay posibilidades de volver hacia atrás en el tiempo. Pero hay una manera de solucionar esta pérdida de tiempo: aportando más dinero. Como tienen más de siete años, seguramente podrán invertir más de un dólar al día. Fíjense en lo que pasa si guardan más dinero.

Diez dólares pueden convertirse en un millón más rápido que un dólar

Les exponemos una realidad sorprendente pero posible: si puede gestionarse para ahorrar diez dólares cada día, puede hacerse rico.

Se lo vuelvo a repetir: lo que deben hacer para enriquecerse es comprometerse ahora mismo a colocar una cantidad de dinero fija cada día en inversiones de crecimiento. (No se preocupe por qué tipo de inversiones tiene que realizar, ya que lo explicaremos más adelante.)

10 dólares al día al 5% =   1 millón de dólares en 54 años (se puede mejorar)

10 dólares al día al 10% =   1 millón de dólares en 34 años (no está mal… está más cerca)

10 dólares al día al 15% =   1 millón de dólares a los 25 años (esto está casi a la vuelta de la esquina)

Compliquemos un poco más la situación. ¿Qué pasaría si usted y su pareja ahorraran diez dólares al día cada uno?

20 dólares al día al 10% = 1 millón de dólares en 27 años

20 dólares al día al 15% = 1 millón de dólares en 21 años

No hay trucos. Hacerse rico consiste tan sólo en comprometerse y quedarse clavado a un plan de ahorro y de inversión sistemático. En los siguientes capítulos, trataremos la manera de llevar a cabo este plan. Por ahora, sólo quiero que se centren en el hecho de que no necesitan tener dinero para ganar dinero. Sólo necesitan tomar las decisiones correctas y actuar consecuentemente. En la tabla siguiente encontrarán cómo reunir unos ahorros de un millón de dólares.

CREAR UNA CUENTA DE JUBILACIÓN DE UN MILLÓN DE DÓLARES

Ahorrar su primer millón de dólares
Sugerencia de inversiones diarias o mensuales para conseguir un millón de dólares a los 65 años

1.000.000 de dólares
12% tipo de interés anual

Edad de inicio	Ahorros diarios	Ahorros mensuales	Ahorros anuales
20	$ 2,00	$ 61	$ 730
25	$ 3,57	$ 109	$ 1.304
30	$ 6,35	$ 193	$ 2.317
35	$ 11,35	$ 345	$ 4.144
40	$ 20,55	$ 625	$ 7.500
45	$ 38,02	$ 1.157	$ 13.879
50	$ 73,49	$ 2.235	$ 26.824
55	$ 156,12	$ 4.749	$ 56.984

La finalidad de esta tabla es compartir con ustedes cuánto dinero deberían estar ahorrando diariamente, mensualmente o, incluso, anualmente para acumular un millón de dólares a los 65 años. Supondremos que empiezan con una inversión de cero dólares y que ganan un 12% (de interés) anual. Esta tabla no tiene en consideración el impacto de los impuestos.

Todavía está a tiempo... aunque tenga cincuenta años

Independientemente de la edad que tenga en la actualidad, unos ahorros extra pueden multiplicarse extraordinariamente. Vamos a centrarnos en el siguiente plan sencillo para una pareja de cincuenta años.

Pongamos que Jim y Maureen deciden empezar a utilizar el factor «del café con leche» de las parejas (una técnica que explicaremos en el cuarto paso) que les permite invertir a cada uno diez dólares extra al día en sus cuentas de jubilación laborales (trataremos esta práctica en el quinto paso). Esto significa una inversión adicional de 600 dólares al mes. Si lo multiplicamos por doce, nos encontramos con un incremento anual de los ahorros de 7.200 dólares. Si empiezan a los cincuenta años y continúan guardando el dinero al mismo interés hasta los sesenta y cinco años, los resultados podrían ser realmente espectaculares.

Supongamos que Jim y Maureen invierten este dinero extra en una cartera de crecimiento formada en un 75% por acciones basadas en fondos de inversión y en un 25% por títulos a corto plazo. Con este tipo de mezcla, es razonable esperar que obtengan unos beneficios anuales de su dinero de alrededor de un 11%. (No se puede garantizar, pero es el promedio que han alcanzado estas inversiones durante los últimos treinta años.) Cuando Jim y Maureen llegaran a los sesenta y cinco años, sus ahorros extra ascenderían a casi 275.000 dólares. Y si sus jefes tienen la política de igualar, al menos, el 50% de las contribuciones de su plan de jubilación (lo que la mayoría de empresas hacen hoy en día), el total sería superior a 412.000 dólares. No importa la cantidad que se obtenga porque representa un extra considerable para la jubilación.

Recuerden que la verdad es que...

... la mayoría de personas sobreestima lo que pueden hacer financieramente en un año y subestima lo que pueden conseguir financieramente a lo largo de unas décadas.

TERCER MITO
Todavía no ganamos suficiente dinero como para invertirlo.

TERCERA REALIDAD
Todo el mundo gana suficiente dinero como para invertirlo.

¿Cuántas veces ha oído decir: «Si tan sólo pudiera ganar un poco más de dinero, podría organizarme mejor financieramente»? ¿Cuántas veces se lo ha dicho a usted mismo? Si le pregunta a la mayoría de parejas cuál es el origen de sus problemas financieros, le dirán que no ganan suficiente dinero. Pero la verdad es que la mayoría no tiene un problema con su renta, sino con sus gastos. Si no me creen, piensen por un minuto cuánto dinero pueden llegar a ganar usted y su pareja a lo largo de toda su vida juntos.

Para comprobar lo increíble que puede llegar a ser esta cifra, utilice la siguiente tabla.

EXPECTATIVA DE BENEFICIOS

¿Cuánto dinero pasará por sus manos a lo largo de su vida y que harán con él?

Ingresos mensuales	10 años	20 años	30 años	40 años
$ 1.000	$ 120.000	$ 240.000	$ 360.000	$ 480.000
$ 1.500	180.000	360.000	540.000	720.000
$ 2.000	240.000	480.000	720.000	960.000
$ 2.500	300.000	600.000	900.000	1.200.000
$ 3.000	360.000	720.000	1.080.000	1.440.000
$ 3.500	420.000	840.000	1.260.000	1.680.000
$ 4.000	480.000	960.000	1.440.000	1.920.000
$ 4.500	540.000	1.080.000	1.620.000	2.160.000
$ 5.000	600.000	1.200.000	1.800.000	2.400.000
$ 5.500	660.000	1.320.000	1.980.000	2.640.000
$ 6.000	720.000	1.440.000	2.160.000	2.880.000
$ 6.500	780.000	1.560.000	2.340.000	3.120.000
$ 7.000	840.000	1.680.000	2.520.000	3.360.000
$ 7.500	900.000	1.800.000	2.700.000	3.600.000
$ 8.000	960.000	1.920.000	2.880.000	3.840.000
$ 8.500	1.020.000	2.040.000	3.060.000	4.080.000
$ 9.000	1.080.000	2.160.000	3.240.000	4.320.000
$ 9.500	1.140.000	2.280.000	3.420.000	4.560.000
$ 10.000	1.200.000	2.400.000	3.600.000	4.800.000

Fuente: *The Super Server: Fundamental Strategies for Building Wealth*. Janet Lowe. (Longman Financial Services Publicing: Estados Unidos, 1990)

¿A cuánto asciende la cifra? ¿Cuánto dinero van a ganar usted y su pareja en la próxima década? ¿Cuánto ganarían si lo calculan para dentro de 30 o 40 años? Me imagino que su renta conjunta disponible estos años puede ascender a una cifra entre 2 y 4 millones de dólares. No es tan disponible, ¿verdad? Les sugiero que a partir de este momento dejen de pensar en sus beneficios como en una renta disponible y que los consideren más como lo que denomino renta «crítica».

Lo más importante es que usted y su pareja están dedicando un precioso tiempo de su vida a esta renta. Para mí –y espero que también para ustedes– lo que es crucial es asegurarse que no gastan lo que ganan sino que lo gestionan de forma eficaz e inteligente. La clave reside en ahorrar desde este momento.

CUARTO MITO
Los impuestos y la inflación ahora están bajo control.

CUARTA REALIDAD
Los impuestos y la inflación nunca van a estar totalmente bajo control.

Parece que hoy en día existen (en EE.UU.) dos grandes falacias económicas. Una se refiere a la inflación y la otra a los impuestos.

La falacia de la inflación es que los índices de inflación se mantienen bajos desde principios de 1990 porque hemos aprendido a controlarla. Esto es absurdo. Mientras estoy escribiendo este libro, el precio de la vivienda en la ciudad donde vivo se ha duplicado en sólo cinco años. Los precios de la gasolina también se han duplicado en los últimos cinco años. En mi opinión, compartida por mucha gente que conozco, el precio de las cosas ha aumentado desmesuradamente.

La casa de cinco habitaciones y tres baños en la que crecí les costó unos 100.000 dólares a mis padres cuando la compraron (una propiedad muy nueva situada en una buena zona) hace poco más de veinte años. Hoy en día, la misma casa cuesta casi un millón de dólares. Ésta es la realidad de la inflación. La verdad es que muchos de los productos básicos y de los servicios más importantes no van a costar menos en el futuro. Van a costar más y, en algunos casos, mucho más. Esto significa que su poder adquisitivo (como por ejemplo, efectivo disponible) tendrá que aumentar más rápido que la inflación. Si la previsión de la inflación para los próximos veinte años tiene un promedio de un 4% al año –probablemente es una suposición razonable– uno de los dólares que lleva en este momento en el bolsillo tendrá un poder adquisitivo de sólo 40 céntimos de aquí a veinte años.

Del mismo modo, muchas personas presuponen que cuando se jubilen tendrán que pagar menos impuestos porque no trabajarán. ¿De verdad lo creen? Pregúntenle a algún jubilado si ahora paga menos impuestos que antes. Estoy convencido de que la respuesta será negativa. ¿Por qué? Porque la mayoría de la renta con la que se mantendrá cuando se jubile será gravable. Sobre todo, cuando retire sus ahorros de la cuenta de jubilación deducible, probablemente tendrá que pagar el impuesto sobre la renta en estos movimientos. Lo mismo sucede con los beneficios que haya obtenido en estas rentas y pólizas de seguros que haya estado consolidando para la jubilación.

La buena noticia es que pueden hacer algo. Will Rogers dijo una vez que las únicas cosas reales eran la muerte y los impuestos. Pero estaba equivocado. La muerte puede ser real, pero los impuestos se pueden atrasar y, durante este proceso, reducir.

Mucha gente paga demasiados impuestos porque no sabe que hay algunos métodos sencillos y legales para reducirlos. Uno de los mejores implica el concepto de lo que denomino «páguese usted primero». Si lo realiza correctamente, puede reducir su liquidación de los impuestos miles de dólares en un año. Expondremos este concepto en el quinto paso.

QUINTO MITO

Si no hablamos del dinero, todo irá sobre ruedas.

QUINTA REALIDAD

Si no empiezan a hablar del dinero, lo más probable es que acaben separándose.

Suelo ser una persona optimista, pero cuando se trata de los norteamericanos y de la gestión del dinero, los hechos son estremecedores. Los ricos cada día son más ricos y los pobres se están quedando sin nada a mucha velocidad. En un artículo reciente de la revista *Money* se calculaba que había 7 millones de millonarios en EE.UU. ¿Verdad que parecen muchos? Sin embargo, no son tantos si se tiene en cuenta que la población de EE.UU. es de casi 300 millones de habitantes. Pueden calcularlo ustedes mismos: sólo el 2,3 % de los norteamericanos son ricos.

Se estarán preguntando cuál es la importancia de este hecho. No tienen que ser millonarios para estar gestionando bien el dinero y, además, puede ser que los demás lo estén haciendo todavía mejor que ustedes.

Pero esta afirmación no es totalmente cierta. De acuerdo con un estudio de la Public Agenda, una organización de investigación sin ánimo de lucro…

Casi el 50% de los norteamericanos menores de cincuenta años tienen menos de 10.000 dólares ahorrados

¿Y qué hay de aquellos muchachos del *baby boom* de los que tanto hemos oído hablar? Las cosas tampoco les van tan bien. Según la Asociación Norteamericana de Personas Jubiladas, sólo uno de cada cinco tiene más de 25.000 dólares en activos. Además, según el Ministerio de Sanidad y de Servicios Humanos de EE.UU., el 95% de los norteamericanos mayores de sesenta y cinco años todavía no pueden permitirse durante la jubilación el mismo estilo de vida que disfrutaban cuando estaban trabajando –una estadística que no ha cambiado sustancialmente en los últimos veinte años.

Por tanto, ¿qué ha pasado? ¿Cómo es posible que en una situación económica creciente, con un brillante mercado de valores, en el que los informes sobre la inversión aparecen reflejados en cualquier revista y en cualquier programa de televisión, la mayoría de la gente todavía vea *¿Quién quiere ser millonario?* en vez de ser uno de ellos? La respuesta es que mientras la economía puede estar floreciendo, la mayoría de la gente no está aprovechando la situación para acumular riqueza. La gente puede estar ganando actualmente un sueldo decente, pero la mayoría no está ahorrando dinero. De hecho, el índice de ahorro en EE.UU. está ahora por debajo del 1%.

En los siguientes capítulos, trataremos con más detalle cuánto dinero deben ahorrar usted y su pareja para hacerse ricos y vivir bien. De momento, pueden estar seguros que la media de los norteamericanos está haciendo un mal trabajo de ahorro para el futuro. Así que si ustedes dos creen que se están esforzando lo suficiente para ahorrar, no es necesario que se torturen por ello. Ya han comprobado que no son los únicos, y probablemente lo estarán haciendo mejor que sus amigos.

De nuevo, su objetivo debe ser no formar parte de este porcentaje. Se trata de vivir y acabar haciéndose ricos, y esto implica hacer lo que la mayoría de gente no hará.

¿Por dónde pueden empezar? Es muy sencillo. Como en muchos otros aspectos de la vida, el lugar para empezar a dar formar a sus finanzas es en casa. Ante todo, usted y su pareja deben aprender a hablar sobre el dinero juntos. Se lo aconsejo porque en la mayoría de familias el dinero es un tema tabú. Relativamente pocos de nosotros hemos crecido en hogares donde nuestros padres hablaran libremente entre ellos de la economía familiar —como mínimo, nunca con los hijos a la hora de la cena. Como consecuencia, la mayoría hemos crecido sin saber nada sobre el dinero, incluyendo hasta cómo hablar del tema con la persona con la que hemos elegido pasar el resto de nuestra vida.

Las parejas inteligentes hablan siempre sobre el dinero

El hecho de que a la mayoría no nos hayan enseñado a hablar del dinero es una verdadera tragedia. Si me muestran a una pareja que no hable sobre el dinero y que no planifique sus finanzas conjuntamente, yo les mostraré a una pareja que se encamina hacia problemas financieros, si es que ya no los tienen. Por lo general, dos personas siempre piensan mejor que una. No importa cuál sea su objetivo concreto, si tiene una pareja que colabora con usted y que le proporciona ideas alentadoras, este objetivo será más fácil de conseguir. Y en concreto, seguramente les será más fácil ahorrar dinero a los dos juntos que a usted por separado. Esta idea me permite exponer uno de los puntos básicos de este libro…

Las parejas que planifican conjuntamente tienen más oportunidades de ser felices

En pocas palabras éste es el tema principal del libro. Planificando sus finanzas conjuntamente como pareja, mejorarán de forma significativa sus oportunidades para hacerse ricos y vivir felices juntos.

Evidentemente, nada de lo que vale la pena se consigue sin un poco de esfuerzo. Debido a la necesidad de cooperación, en algunas ocasiones a una pareja le puede parecer más difícil planificar conjuntamente sus finanzas que a una persona soltera hacerlo sola. Pero esto un error. La clave consiste en coincidir en los mismo puntos y actuar como un equipo. Por tanto, el punto de partida es compartir los sentimientos sobre el dinero con su pareja.

Descubra lo que su pareja siente por el dinero

Vivir en pareja es divertido. Cuando se encuentra a la persona que se busca para compartir el resto de la vida, se espera que sea capaz de «leer» nuestros pensamientos. Pensamos: «Nos conocemos tan bien el uno al otro. Estoy seguro que cada uno sabe lo que el otro siente sobre *todo*.»

Todos acostumbramos a pensarlo. Pero plantéense la siguiente pregunta: ¿Realmente usted sabe qué siente su pareja por el dinero? ¿Conoce cuáles son sus valores respecto al dinero? En el segundo paso, les enseñaremos una técnica que les ayudará a identificar sus propios valores. Descubrirá lo que usted y su pareja sienten realmente por el dinero. De momento, háganse sólo esta pregunta: En una escala del 1 al 10 (siendo el 1 «el dinero es el símbolo del diablo» y el 10 «para mí el dinero es más importante que cualquier otra cosa»), ¿qué importancia tiene para mí el dinero? Luego plantéense: ¿Qué importancia creo que tiene para mi pareja?

Marquen con un círculo las respuestas en los números que aparecen a continuación.

Dinero = Diablo								Dinero = Lo más importante	
				USTED					
1	2	3	4	5	6	7	8	9	10
				SU PAREJA					
1	2	3	4	5	6	7	8	9	10

Después de marcar sus respuestas, hágale la misma pregunta a su pareja: ¿Qué importancia tiene para ella el dinero? ¿Qué importancia cree que tiene para usted?

¿Han sido muy diferentes sus respuestas y las de su pareja? ¿Ha diferido mucho la respuesta de su pareja respecto a lo que usted esperaba? ¿Su respuesta ha sido muy diferente a lo que esperaba su pareja?

Las respuestas a estas tres últimas preguntas les pueden llevar a una conversación entre los dos muy valiosa.

No estoy muy seguro que mi pareja hable del dinero conmigo

Mucha gente cree que es difícil abordar el tema del dinero con su respectiva pareja. Como consecuencia, el tema queda una y otra vez en el tintero. Probablemente piensa que así sus problemas de dinero desaparecerán.

Confíen en mí, no desaparecerán. Sencillamente empeorarán. Enfrentarse con los problemas financieros es algo que cualquier pareja puede hacer, pero tienen que hacerlo ustedes porque nadie lo hará en su lugar. Si no le dan prioridad a sus finanzas, no lo serán. Aunque contraten a un asesor financiero, tendrán que seguir enfrentándose a sus finanzas conjuntamente.

Las parejas que poseen las mejores finanzas son las que se preocupan de verdad por ellas. Las que las revisan juntos, realizan planes de futuro juntos y las que llevan a cabo alguna acción para hacer de sus objetivos y sus sueños una realidad.

El punto de partida es en casa; el momento para empezar es ahora mismo

La mejor forma de empezar este proceso es examinando qué saben cada uno de los dos sobre su dinero y qué no. Después de todo, antes de poder empezar a planificar cómo obtener más rentabilidad de su dinero y cómo invertirlo de forma inteligente, necesitan saber exactamente de cuánto dinero disponen, dónde lo tienen guardado y lo accesible que es. También necesitan entender qué tipo de acuerdos financieros tienen, separadamente como individuos y conjuntamente como pareja.

Para ayudarles en este trabajo, he elaborado un cuestionario que deberían responder los dos. Respóndanlo por separado y sean sinceros; después, comparen las respuestas. El objetivo no es obtener una puntuación muy alta ni derrotar a su pareja, sino descubrir la precisión (o la imprecisión) con la que conocen su situación financiera actual.

El cuestionario del conocimiento financiero de las «Finanzas familiares»

VERDADERO O FALSO:

V[ ] F[ ] Conozco el valor neto del patrimonio actual que poseemos (es decir, el valor de los activos que tenemos menos el de los pasivos que poseemos).

V[ ] F[ ] Tengo un conocimiento sólido de cuáles son nuestros gastos fijos mensuales, incluyendo los impuestos de propiedad y todas los tipos de seguros.

V[ ] F[ ] Sé lo que mi pareja piensa sobre nuestro gasto mensual. Hemos hablado sobre el valor y la naturaleza de nuestros gastos y obligaciones regulares y estamos de acuerdo con ellos.

V[ ] F[ ] Conozco cuál es el valor de mi seguro de vida y el de mi pareja. Conozco cuáles son los beneficios por causa de muerte, cuánto fondo hay en nuestras pólizas (si hay alguno) y qué coeficiente está ganando el dinero (si es aplicable).

V[ ] F[ ] He revisado entre los últimos 12 ó 24 meses nuestras pólizas de seguro de vida y estoy de acuerdo con pagar un tipo competitivo en el mercado de seguros actual.

V[ ] F[ ] Conozco el valor actual de nuestra vivienda, la cantidad de nuestra hipoteca, el tipo de interés de la hipoteca y cuánto capital tenemos en nuestra casa. También conozco la amplitud del programa de pago de la hipoteca y cuánto nos costaría al mes pagar la hipoteca en la mitad de tiempo.

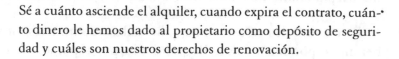

Sé a cuánto asciende el alquiler, cuando expira el contrato, cuánto dinero le hemos dado al propietario como depósito de seguridad y cuáles son nuestros derechos de renovación.

V[ ] F[ ] Conozco el tipo de seguro de propietarios o de arrendatarios que
poseemos y cuáles son deducibles. También sé si la póliza nos
cubrirá o no «el coste de sustitución actual» o el fondo actual, si se
destruyera o robaran en nuestra vivienda o propiedad.

V[ ] F[ ] Conozco la naturaleza y el valor de nuestras inversiones (incluyendo
el efectivo, cuentas corrientes, cuentas de ahorro, cuentas corrientes
de inversión, certificados de depósito, letras del Tesoro, bonos de
ahorros, fondos de inversión, rentas, acciones y bonos, inversiones
estatales reales y colectivos como sellos, monedas, etc.). También sé
dónde tengo guardados los documentos importantes.

V[ ] F[ ] Conozco los beneficios anuales de las inversiones mencionadas
en el párrafo anterior.

V[ ] F[ ] Conozco el valor actual de nuestras cuentas de jubilación. Sé dónde están guardados los documentos relativos a estas cuentas y tengo
un conocimiento sólido de cómo se comportaron estas cuentas el
año pasado.

V[ ] F[ ] Sé qué porcentaje de nuestra renta estamos ahorrando como pareja.

V[ ] F[ ] Sé cuánto dinero estamos guardando cada uno en nuestras respectivas cuentas/planes de jubilación, si esto alcanza la contri-
bución permitida máxima, si nuestros jefes están comparando
las contribuciones y cuáles son nuestros planes de jubilación respectivos.

V[ ] F[ ] Sé cuánto dinero obtendremos cada uno de la Seguridad Social
cuando nos jubilemos y cuáles serán nuestros beneficios en las
pensiones (si los tenemos).

V[ ] F[ ] Sé si tenemos o no un testamento o un fideicomiso activo, cuáles
son sus provisiones y si está en vigor.

V[ ] F[ ] Sé si nuestra renta quedaría protegida por un seguro de invalidez si mi pareja o yo nos quedáramos sin posibilidades de trabajar. Si tenemos este seguro, sé la cantidad de la cobertura, cuándo empezarían los beneficios y si serían gravables. Si no tenemos seguro de invalidez, sé por qué no lo tenemos.

V[ ] F[ ] Sé cuáles son los deseos de mi pareja por lo que se refiere al tratamiento médico (incluyendo el mantenimiento de la vida por métodos artificiales) en el caso que padeciera una enfermedad o una lesión grave. Sé si nuestro testamento incluye o no que el poder del abogado sea válido en estas situaciones. También sé qué piensa mi pareja sobre la donación de órganos.

V[ ] F[ ] Sé si mi pareja ha recibido clases sobre inversiones en los últimos años.

V[ ] F[ ] Sé cómo gestionan las finanzas los padres de mi pareja y el efecto que esto ha tenido sobre la manera en que gestionamos nuestro dinero.

PUNTUACIÓN:

Súmense un punto por cada vez que hayan contestado «Verdadero» y no se sumen ninguno cuando hayan contestado «Falso».

De 14 a 18 puntos: ¡Excelente! Es evidente que usted y su pareja han estado planificando de forma conjunta su dinero y, como consecuencia, conocen bien cuál es su situación financiera y lo que ambos sienten por el dinero.

De 9 a 13 puntos: No se encuentran totalmente perdidos, pero en algunos aspectos su conocimiento es inferior al adecuado.

Por debajo de 9 puntos: ¿Verdad que usted y su pareja no están habituados a hablar del dinero? Como consecuencia, las posibilidades que tienen de verse perjudicados financieramente debido a su conocimiento insuficiente son enormes. Necesitan aprender cómo trabajar juntos para protegerse de un futuro desastre financiero.

Si han obtenido una buena puntuación en este cuestionario, les felicitamos. Pero todavía no se vayan a celebrarlo. Incluso entre los gestores del dinero con más conocimientos, es raro encontrar a gente que controle todos los aspectos de sus propias finanzas y que sepa qué podrían o deberían hacer para asegurarse un futuro seguro. Por tanto, aunque hayan obtenido más de 12 puntos, les garantizo que descubrirán pequeños secretos e ideas a lo largo del libro que les serán de gran valor.

Demasiadas malas noticias; a partir de este momento, todas serán buenas

Si responder este cuestionario, o leer algunos de los mitos y las realidades sobre el dinero que les he presentado en la primera parte de este capítulo, les ha hecho sentir un poco mal, lo siento. Personalmente, no soporto el pesimismo. De hecho, me he propuesto apartarme de la gente pesimista. Creo que son como la gente con gripe: si pasa mucho tiempo con ellos, corre el riesgo de que se lo contagien (en este caso, el pesimismo).

Sin embargo, he empezado el libro con una realidad dura porque sé que, como pareja, ustedes quieren que su vida sea apasionante. Quieren vivir y acabar haciéndose ricos y quieren llevar a cabo sus sueños. No quieren el dinero para estancarse, sino para progresar. Creen en su relación y en ustedes mismos y saben con certeza que son suficientemente inteligentes para descubrir cómo hacer el trabajo.

Pero quizás están pensando en cambiar sus vidas. Por esta razón han comprado este libro, porque se sienten plenamente motivados para mejorar su vida. Pero los cambios necesitan acciones y, a menudo, hay que sufrir para sentirse muy motivado para realizar una acción. A veces, hay que llegar a un punto en el que hay que decirse: «Ya he tenido suficiente. No quiero obtener más cosas en esta vida.» O: «Basta, no voy a continuar por el camino en el que estoy.»

Cambiar es una cosa divertida. Aunque la mayoría de gente dice que quiere cambiar –y, por tanto, poder tener una vida mejor, con más amor, más sueños y más diversión– la verdad es que a la mayoría nos asustan los cambios. Si nos enfrentamos a la posibilidad real de cambio, nos fijamos en nuestras vidas y decidimos que estar donde estamos actualmente no está tan mal, después de todo. Tony Robbins, el gran comunicador de la motivación (y uno de mis mentores personales), se refiere a esta actitud como una especie de «tierra de nadie» del alma. Encontrarse en un estado en el que la vida no es realmente tan buena, pero que tampoco está mal. Es simplemente regular.

Bueno, estoy acostumbrado a pensar que la vida puede ser mejor que «no muy buena» y que «regular». La vida debería ser emocionante, estimulante y, en última instancia, completa.

De momento, espero que este capítulo les haya motivado para que empiecen a realizar alguna acción. No dejen que estas estadísticas negativas que he mencionado les desanimen. Recuerden que estos porcentajes no tienen que cumplirse en su caso. Después de todo, usted y su pareja no son un porcentaje. Por tanto, mantengan la motivación.

Ahora veremos el segundo paso y continuaremos aprendiendo cómo descubrir lo que les preocupa más a usted y a su pareja respecto al dinero.

Paso 2

Decidan el verdadero objetivo del dinero en su vida

Como asesor financiero, me he especializado en lo que denomino Planificación Financiera Centrada en los Objetivos^MR. Esto significa que antes de que mis clientes empiecen a imaginar cuánto dinero necesitarían para su futuro, les ayudo a intentar aclarar lo que entienden como su objetivo en la vida.

A menudo, este concepto sorprende a la gente. Los medios de comunicación y la industria de inversión han conseguido que nos centremos en lo que denominan «planes de jubilación», que todo el mundo piense que la financiación personal simplemente consiste en decidir cuánto dinero necesitará para la jubilación. De hecho, mucha gente presupone que las reuniones con un asesor o un planificador financiero se basan en conversaciones sobre inversiones concretas, en cálculos sobre el valor de los ahorros, en índices de impuestos y en los años que deben trabajar antes de poderse jubilar. Aunque todas estas cuestiones son importantes, no son las principales. Creo que es más importante mantener primero una conversación sobre las principales preocupaciones de la gente. ¿Qué es lo que más les preocupa y qué es lo más importante para ustedes? En otras palabras, ¿cuáles son sus valores?

Los valores de cada persona deberían influir en todas las decisiones que toma

Deténganse un momento y piensen: ¿Existe algo más importante que nuestros propios valores? ¿Dónde viven, cuánto dinero gastan, a qué dedican la mayor parte de su tiempo y esfuerzo –siempre teniendo en cuenta sus valores? Éstos influyen en cómo se comunican con su pareja, cómo educan a sus hijos y cómo se sienten respecto a lo que poseen en la vida. Pueden determinar cuánto están dispuestos a trabajar para alcanzar sus objetivos financieros, cuánto dinero gastan actualmente y cuánto dinero necesitarán para la jubilación. Esto es lo que realmente quiero transmitirles: cuando tengan una idea clara de cuáles son sus valores en la vida, serán capaces de crear un verdadero Plan Financiero Centrado en los Objetivos.

Por esta razón, el segundo paso del camino para acabar haciéndose rico consiste en aprender cuáles son sus verdaderos valores. Cuando los tengan claros, será fácil decidir qué tipo de «objetos materiales» desean y qué quieren hacer con ellos (lo que analizaremos en el tercer paso). Pero quizás lo más importante es que, cuando hayan definido de forma clara y específica sus valores, se encontrarán mucho más motivados para realizar el esfuerzo necesario para participar en su nuevo Plan Financiero Centrado en los Objetivos.

La mejor forma de explicarles en qué consiste el proceso de definir sus valores es mostrarles las opiniones que suscita este concepto cuando lo explico en uno de mis seminarios.

Experiencia en Hawaii: un seminario de las «Finanzas familiares»

Recientemente, ofrecí un seminario de las «Finanzas familiares» en Hawaii. El evento tuvo lugar en el marco de una empresa que quería premiar a sus mejores trabajadores y a sus esposas o compañeras. Cuando entré en el aula, descubrí que estaba llena de parejas de entre treinta y sesenta años. Algunas se acababan de casar mientras que otras habían estado juntas durante más de treinta años y tenían varios hijos y nietos.

Empecé el seminario presentándome y haciéndoles una pregunta.

–Mi intención –les expliqué– es compartir con ustedes cómo pueden hacer dos cosas: en primer lugar, tener una vida próspera, es decir una vida acorde con sus valores, y en segundo lugar, hacerse ricos, es decir ser capaces de jubilarse con un millón de dólares, como mínimo, en activos líquidos.

Entonces, les planteé la pregunta:

—¿Cuántos están a favor de vivir y acabar haciéndose ricos?

Todos los asistentes se pusieron a reír y levantaron la mano.

Seguidamente, les expliqué lo que les he contado al principio del capítulo, es decir, que para preparar un plan realista y significativo para vivir y acabar haciéndose rico, primero hay que saber cuáles son los valores propios de cada uno.

—Para saberlo, dejen que les haga una pregunta sencilla:

¿Qué objetivo tiene el dinero en su vida?

—Cuando piensan en el dinero en el contexto de su vida y en las cosas que son importantes para ustedes, ¿a qué fines responde?

Se hizo un profundo silencio en la sala y, por tanto, repetí la pregunta de una forma diferente:

—Cuando piensan en cómo viven, ¿cuáles son los valores que el dinero les proporciona para sentirse realizados?

La mayoría de los asistentes me miró sin entenderme.

—Está bien, voy a ayudarles un poco con unos ejemplos. —Con la ayuda de un proyector, les mostré una lista de valores, que incluía palabras o frases como «libertad», «felicidad», «amor», «salud» y «espíritu de superación».

—Éstos son algunos ejemplos de valores —les expliqué—. Ahora, deben decidir cuáles son los de cada uno. Cuando piensan en sus vidas, ¿cuáles son los valores más importantes para ustedes? ¿Qué es lo que buscan en la vida?

Una mujer de unos treinta años levantó la mano.

—Enseñarles a mis hijos a ser buenas personas –anunció.

Me giré hacia la pizarra y lo anoté.

A continuación, su marido intervino en la conversación.

—Seguridad; saber que estamos seguros y que también lo está nuestra familia.

También anoté esta idea.

—¿Qué opinan los demás? –pregunté al resto del grupo–. ¿Cuál es el objetivo de estar aquí en este planeta? ¿Por qué creen que están aquí?

—Para divertirnos –chilló una mujer de unos cincuenta años.

—Libertad –exclamó un hombre–. Yo quiero tener libertad para hacer lo que quiera y hacerlo cuando quiera.

—Estoy de acuerdo –indicó otra mujer–. Por ejemplo, tener la libertad de quedarme en Hawaii más de cinco días.

Toda el aula se puso a reír.

—'Divertirse' y 'libertad' son valores, pero estar en Hawaii durante más de cinco días es más un objetivo material. La pregunta es, si pudieran pasar más de cinco días en Hawaii, ¿mediante qué valor les permitiría vivir?

La esposa del hombre sonrió mientras exclamaba:

—La viagra.

En ese momento, el aula estaba muy divertida. El hombre se puso rojo y yo también.

—Bien, creo que esto puede significar algo. A lo mejor permanecer en Hawaii más de cinco días sería bueno para su relación. Por tanto, los valores que encontraríamos serían el amor, la pasión o el romanticismo.

—Olviden el romanticismo –nos dijo un hombre rubio llamado Tom–. Permanecer en Hawaii más de cinco días significaría que podría jugar más al golf. Esto es lo que yo quiero hacer con mi tiempo.

Anoté la palabra «golf» en la pizarra, pero la subrayé.

–El golf es un objetivo –respondí a Tom–. La pregunta es ¿mediante qué valores le permite vivir el golf?

Tom se encogió de hombros.

–Bueno, no lo sé, pero es divertido –contestó.

Anoté la palabra «diversión» y me giré hacia el grupo.

–¿Cuántos juegan al golf? –les pregunté.

Más de la mitad de los asistentes levantó la mano.

–Perfecto –continué–, los que tenéis las manos levantadas, ¿qué valores os proporciona el golf?

Una mujer con la cara alargada de unos cuarenta años se levantó.

–A mi marido y a mí, nos ofrece la oportunidad de pasar cuatro horas seguidas juntos –afirmó–. Por tanto, es una buena manera de pasar un buen rato con el otro y, además, nos permite estar en el exterior realizando una actividad saludable.

–Estupendo –la animé–. Entonces, ¿cuáles son esos valores?

–Bueno, en mi caso, supongo que se trata de los valores del matrimonio y de la salud.

–¿Y los valores del matrimonio y la salud son importantes para usted? –le pregunté.

Ella asintió y, como consecuencia, escribí en la pizarra «matrimonio» y «salud».

Seguidamente, otra mujer explicó:

–Yo creo que la espiritualidad es un valor importante. Para mí, es importante tener una vida espiritual.

Escribí «espiritualidad».

Otra mujer también se unió a la conversación.

—A mí, me gusta pasar el tiempo ayudando a los otros y superándome —nos aseguró.

Cuando aún no había terminado de escribir «espíritu de superación y ayudar a los demás», otra persona definió otro valor y así sucesivamente. En diez minutos, habíamos llenado dos pizarras enteras con unos treinta ejemplos de valores distintos, que los asistentes del aula habían reconocido que eran importantes para ellos.

Cuando volvieron a tranquilizarse, dejé que se fijaran durante un minuto en la lista de valores.

—¿Verdad que no ha sido tan difícil? —les pregunté.

Casi todos asintieron.

—Ahora, intentemos avanzar un poco más —les sugerí—. En vez de pensar en los valores, piensen en el tipo de cosas que quieren. ¿Qué cosas les gustaría comprar si tuvieran dinero?

El aula manifestó:

—¡Yo quiero un coche nuevo! —gritó un hombre—. No, joyas —rectificó su mujer.— Todos se pusieron a reír.— Yo estoy de acuerdo con ella —corroboró otra mujer—. Más joyas. —A continuación, otro hombre confesó que quería un barco, una mujer expuso que quería una cocina nueva. El hombre que había hablado del golf repitió que él quería jugar más a golf. Y la mujer que había mencionado la viagra insistió—: Más viagra.

En ese momento, todos estaban riendo y pasándoselo bien. Y las sugerencias no dejaban de sucederse. Mientras que habíamos tardado más de diez minutos en nombrar unos treinta valores, en menos de tres minutos creamos una lista de treinta cosas diferentes que querían comprar.

—Sabéis —les confesé— para mí siempre es interesante comprobar lo fácil que es hacer una lista con treinta cosas que querríamos comprar respecto a la dificultad que representa hacer una lista del tipo de valores con los que nos gustaría vivir. Aunque la verdad es que es mucho más importante saber cuáles son nuestros valores y vivir la vida teniéndolos presentes que comprar cosas. Desgraciadamente, la mayoría nos pasamos la vida comprando cosas sin fijarnos realmente en nuestros valores. ¿Y saben a lo qué conduce esta situación?

—A tener deudas por nuestras tarjetas de crédito —sugirió una mujer.

Todos nos pusimos a reír.

—Bueno, eso también es cierto, pero yo más bien estaba pensando en algo más serio que tiene lugar cuando pasas veinte años de la vida centrándote en comprar cosas en vez de en los propios valores. Lo que sucede es que esta situación conduce a una crisis, que normalmente provoca todo tipo de infelicidades, incluyendo el divorcio. La verdad es que la mayoría de crisis ocurren porque la gente llega a una cierta edad con todas las cosas que han ido acumulando y, de repente, se dan cuenta que todas estas cosas no les proporcionan la felicidad, que todos estos objetos materiales a los que han dedicado tanto tiempo y esfuerzo son en realidad los objetivos erróneos.

Proseguí asegurándoles que esto casi nunca les ocurre a la gente que tienen claros sus valores.

—Después de todo, ¿cuántas veces ha llegado alguien a los cincuenta, ha mirado a su alrededor y ha dicho 'He vivido mi vida siguiendo mis valores, pero ahora creo que ya no me gustan y, por tanto, creo que voy a divorciarme y a empezar de nuevo'? Casi nunca.

Para terminar les comenté que los valores son la clave para vivir de forma inteligente y acabar haciéndose rico. Cuanto antes empiecen a darles prioridad a sus valores —y no a los objetos materiales—, antes empezarán a vivir una vida que les entusiasme y les fortalezca. Porque cuando saben cuáles son sus valores, automáticamente tienden a vivir la vida que quieren de verdad. En vez de tener que «motivarse a sí mismo» para realizar las cosas correctas, se encontrarán en la dirección adecuada gracias a la fuerza de los valores. Los objetos pueden ser bonitos, pero en raras ocasiones les conducirán a algún lugar que valga la pena. Sólo los valores pueden hacerlo.

¿Qué es realmente importante para ustedes?

Como asesor financiero, he aprendido que cuando todo se dice y se hace por dinero es bueno por tres motivos básicos. Ayuda a la gente a...

1) Ser.

2) Hacer.

3) Tener.

Dejen que les explique lo que quiere decir. Cuando digo que el dinero ayuda a la gente a ser, me refiero que les permite vivir de una forma determinada que define quiénes son. Cuando indico que el dinero ayuda a la gente a hacer, quiero decir que hace posible que realicen acciones que les ayudarán a crear la clase de vida que desean vivir. Y cuando afirmo que el dinero ayuda a la gente a tener, me refiero a que les permite comprar cosas.

En un mundo ideal, la vida que llevamos, las cosas que hacemos y los objetos que compramos siempre estarían relacionados con nuestros valores. El problema como yo lo entiendo es que la mayoría de gente se centra primero en «tener», después en «hacer» y finalmente en «ser». Esto significa que la gente, incluyendo los que se sirven de planificaciones financieras, empieza al revés. O incluso peor, muchos ni llegan a la parte de «ser». Dedican tanto tiempo a la parte de «tener» y «hacer» que nunca comprobarán si realmente son lo que les gustaría ser.

Para crear un Plan Financiero Centrado en los Objetivos realista, deben saber lo que el dinero significa para ustedes, qué valores les puede ayudar a alcanzar. Cuando lo sepan, pueden centrar su tiempo y esfuerzo en lo que les interesa más, no en lo más importante para la sociedad, sus amigos o para los anuncios, sino en lo más interesante para ustedes. Para explicárselo de otra manera, el proceso consiste, principalmente, en encontrar lo que es más importante para ustedes y luego en planificar sus finanzas de acuerdo con ello. Quizás les parecerá que estamos hablando más de un proceso para planificar la vida que de uno de gestión financiera; pero, para serles sincero, en eso consiste una planificación financiera inteligente.

¿Por qué la mayoría de herramientas de planificación financiera no funcionan?

Imagínense esta situación hipotética. Tienen cuarenta y cinco años, su renta actual es de 50.000 dólares al año y en el banco tienen 25.000 dólares. Vienen a visitarme para que les aconseje para la jubilación y yo introduzco estas cifras en un programa informático de planificación financiera. En un nanosegundo, el ordenador me muestra que necesitarán un único pago de 1.500.000 dólares para poderse jubilar confortablemente a los sesenta y cinco años.

Mientras ustedes me miran incrédulos, consulto en el ordenador qué tipo de programa de ahorro y de inversión necesitarán utilizar para acumular una suma como esta. El ordenador trabaja en silencio y luego muestra que si pueden crear una cartera que genere unos beneficios anuales del 8%, todo lo que deben hacer para conseguir unos ahorros después de impuestos de 1.500.000 de dólares es invertir 40.000 dólares al año durante los siguientes veinte años.

–Pero David –me confiesan– sólo ganamos 50.000 dólares al año, y eso es antes de pagar los impuestos.

–Bueno, esto es un problema –les confieso con cara de preocupación. Me quedo pensando unos instantes y luego les propongo–. No se preocupen. Bueno le daremos a su cartera de inversión un beneficio más alto, un 15% por ejemplo–. Introduzco esta cifra en el programa y el ordenador decide que bajo estas circunstancias, necesitarán ahorrar sólo 17.000 dólares al año.

–Pero David, no hay manera de que invirtamos 17.000 dólares al año y, además, un beneficio del 15% no es una cifra muy realista.

–Entonces –les contesto– creo que no tienen solución–. Me quedo pensativo otro momento y finalmente les pregunto–: ¿Saben si tienen alguna posibilidad de recibir una herencia?

No se preocupen, no soy tan ridículo con mis clientes. La razón por la que he elaborado este ejemplo es para ilustrarles lo que puede suceder si realizan planes financieros basándose estrictamente en los números en vez de en la vida. Lo que puede ocurrir es que se convenzan fácilmente de que ni incluso vale la pena intentarlo. Muy a menudo, me encuentro con gente de unos cincuenta años que renunciaron a su futuro financiero a los treinta porque creían que era demasiado tarde para ellos y que no había ninguna posibilidad. Pero esto es triste porque nunca es demasiado tarde.

La solución es que una planificación financiera inteligente es algo más que un tema de números. En primer lugar implica valores y, en segundo lugar, objetos materiales. Pongamos que ambos valoran mucho la seguridad, pero usted y su pareja constantemente gastan más dinero del que ganan como pareja. Como consecuencia, ustedes van viviendo de nómina en nómina. En otras palabras, están viviendo sus vidas en gran conflicto con sus valores, lo que les provoca un gran estrés. En una relación, esto puede provocar peleas constantes y el final de la pasión.

Estas situaciones no ocurren sin ningún motivo. Son el resultado de decisiones y acciones repetidas (como gastar regularmente demasiado dinero) que se ponen en conflicto con sus sistemas de valores. En resumen, su comportamiento financiero no confluye con sus valores personales.

Y no crean que el problema es que no ganan suficiente dinero. Pongamos que su principal valor es la libertad, que para usted y su pareja significa tener tiempo para hacer ejercicio cada día y para salir a caminar juntos. Pero, lamentablemente, lo que están haciendo es trabajar sesenta horas por semana, lo que implica que no tienen ocasiones para hacer ejercicio o para ver a su pareja. Hoy por hoy, pueden estar disfrutando de un éxito financiero (en el sentido de que están ganando mucho dinero), pero ¿creen que son felices? No mucho porque sus vidas no están vinculadas con sus valores.

O plantéense este dilema habitual. Su valor esencial es la familia pero están tan ocupados trabajando para cubrir los pagos de la hipoteca que casi nunca ven a su pareja o a sus hijos. Alguien les tentó para que compraran una casa más grande de lo que podían permitirse y ahora están pagando el verdadero precio. Nadie (incluyéndoles a ustedes) tuvo en cuenta sus valores en el momento de comprar la casa. Por desgracia, cuando toman decisiones vitales tan importantes sin tener en cuenta los valores, el resultado es el estrés y la infelicidad. No hay nadie que salga ganando.

Por tanto, ¿cómo pueden hacerse una idea clara de lo que están buscando para esta vida? La buena noticia es que no es necesario que sigan una larga terapia, ni meditaciones ni que los hipnoticen. Tampoco tienen que hurgar en el pasado para descubrir el momento en que se equivocaron. No tienen que recitar mantras diez veces al día delante de un espejo. Todo lo que deben hacer es decidir cuáles creen que son los cinco valores más importantes para ustedes, escribirlos y empezar a planificar sus vidas alrededor de ellos.

Lo mejor de este proceso es que, realmente, no es tan difícil. De hecho, no les llevará más de diez minutos, más o menos. La facilidad se debe a que la mayoría de gente tiene una buena idea —lo que yo denomino «conocimiento instintivo»— de cuáles son sus valores. Y para ayudarles, he diseñado una técnica utilizando lo que denomino el Círculo de Valores[MR].

Para que se hagan una idea de cómo funciona, les voy a confesar un caso real de Plan Financiero Centrado en los Objetivos, una conversación que mantuve con un cliente. Al leerla, entenderán cómo funciona este proceso. Cuando lo hayan hecho, les enseñaré cómo crear un Plan Financiero Centrado en los Objetivos por sí mismos.

La construcción del círculo de valores de Kim

Bill tiene treinta y ocho años y Kim, su mujer, treinta y cinco. Tienen dos hijas pequeñas de cinco y siete años. Inicié la conversación igual que siempre hago en estas situaciones; les pregunté:

—¿Quién quiere empezar primero el círculo de valores?

De inmediato, Kim miró a Bill y luego a mí.

—Yo misma —afirmó.

Asentí y continué hablando.

—Sabe que vamos a empezar a hablar sobre el dinero, pero antes nos centraremos en sus valores. Cuando piensa en los objetivos de su vida y en lo que le preocupa de verdad, ¿qué es lo más importante para usted?

Concretamente, ¿cuáles creen que son los cinco valores más importantes en los que le gustaría empezar a dedicar tiempo y esfuerzo en los próximos treinta y seis meses?

Como Kim había asistido a uno de mis seminarios, no necesitó mucho tiempo para responder.

–Estoy segura que uno de mis principales valores es la seguridad –explicó–. Me crié en una familia en la que nunca había suficiente dinero, y siempre tengo miedo de no poder pagar los recibos. Por tanto, uno de mis valores esenciales es la seguridad.

Anoté «seguridad».

–Ahora imagínese que tuviera seguridad en la vida –proseguí–. ¿Qué sería lo más importante que se derivaría de tener esa seguridad?

–Bueno, si tuviera seguridad, me gustaría saber que mi familia siempre estará segura, que si me pasara algo, mis hijas estarían atendidas. Esto es muy importante para mí –Kim respondió.

–¿Por tanto, diría que la familia es uno de sus valores más importantes? –le pregunté.

–Sin duda –contestó.

Escribí la palabra «familia».

–¿Y qué es lo importante de la familia?

Kim sonrió y afirmó.

–Tenemos unas hijas más maravillosas y muy guapas y quiero verlas crecer felices.

–Perfecto, veamos si podemos convertir esto en un valor al que pueda dedicarse. Si asumimos que el valor de la familia lo ha conseguido y ha educado a unas niñas maravillosas, a continuación ¿qué otra cosa sería importante para usted?

Kim miró a Bill y le cogió la mano.

–Bueno, Bill, sin duda –contestó–. Quiero que seamos felices, que formemos un matrimonio como el de nuestros padres, en el que podamos envejecer juntos. Actualmente, tenemos amigos que se han divorciado y no quiero que esto nos ocurra a nosotros. Por eso, un valor esencial para mí es un matrimonio sólido.

Bill le devolvió la sonrisa.

–Por tanto, uno de sus cinco valores más importantes es el matrimonio –le dije y también lo anoté–. Ahora imagínese que está viviendo de una manera que le permite expresar realmente sus valores de seguridad, familia y matrimonio. ¿Qué otra cosa sería importante para usted? Si consiguiera realizar estos tres valores y pudiera añadir dos más a la lista, ¿en qué le gustaría centrarse?

Kim me miró dudosa. Después de un momento miró a Bill y le preguntó:

–¿Alguna sugerencia?

Negué con la cabeza.

–Nos fijaremos en los valores de Bill dentro de un minuto. Todavía es su turno. Si pudiera dedicar su tiempo, esfuerzo y pasión a dos valores más, ¿cuáles serían?

Kim suspiró y añadió:

–Bueno, supongo que querría centrarme en mi peso. Desde que tuve a mi primera hija, he ganado bastantes kilos y me siento mal por ello. Sé que necesito perder peso, pero nunca encuentro el momento para hacer ejercicio, así que puedes apuntar el ejercicio.

De nuevo, volví a desaprobar su elección.

–El ejercicio no es un valor real. Es algo que se hace. Piénselo de esta manera: ¿cuál es el valor que promueve el ejercicio?

–La salud –dijo Kim con seguridad–. La salud es, sin duda, uno de los valores importantes en los que necesito centrarme.

—Salud —repetí mientras lo anotaba—. Perfecto, si tuviera salud, ¿cuál sería el último de sus cinco valores más importantes?

Kim se concentró.

—Es difícil de responder. Creo que si tuviera una buena salud y todos los otros valores… No lo sé, creo que pasaría más tiempo divirtiéndome.

—Muy bien, la diversión ya nos sirve —le dije—. ¿Qué es lo que implica el valor 'diversión' para usted?

—Bueno, antes de que Bill y yo tuviéramos hijos, solía ser más espontánea. Podíamos salir los fines de semana y viajar más. Teníamos citas juntos. Hacíamos más cosas con nuestros amigos. Me parece como si fuera hace mucho tiempo, y no me estoy quejando porque me gusta mucho ser madre, pero entre mi trabajo, el de Bill, la casa y nuestras dos hijas me parece que no tenemos mucho tiempo para nosotros. Me gustaría pensar que podría haber una manera de empezar a planear más diversión para nosotros.

—Por tanto, ¿la diversión sería un valor en el que le gustaría centrarse?

Kim asintió vigorosamente.

—La diversión suena bien. Pongámosla en la lista como valor —se detuvo un momento y luego añadió—: Sabes, yo también valoro mucho mi carrera y no lo hemos anotado. ¿Podemos añadir mi carrera? Porque también quiero centrarme en ella.

—Kim —le dije— podemos anotar lo que quiera. Pero para este ejercicio, me gustaría que se centrara en sus cinco valores esenciales. Hasta ahora hemos apuntado seguridad, familia, salud, matrimonio y diversión. ¿Su carrera es un valor suficientemente importante como para reemplazar alguno de estos?

Pensó por un momento. Kim trabajaba en una empresa de *software* que acababa de empezar a cotizar en bolsa y ella ganaba un sueldo decente.

—Si le soy sincera —reconoció finalmente— si me centro en mi carrera, el valor de la seguridad estará cubierto. Por tanto, creo que voy a substituir carrera por seguridad.

—Perfecto —le contesté— pero deje que le haga una pregunta. ¿Es su carrera lo que valora o la seguridad que le aporta?»

Kim no dudó.

—Las dos cosas —respondió—. Las considero un único valor.

—Perfecto. Pondremos 'seguridad/carrera' como un único valor en el círculo de valores.

La construcción del círculo de valores de Bill

Entonces llegó el turno de Bill. Se puso a reír cuando le indiqué con un gesto que empezara.

—¿Puedo decir simplemente lo mismo que ella? —preguntó.

—No, Bill —le respondí con una sonrisa—, no puede decir simplemente lo mismo que ella.

—Bueno, ya sabe —añadió— que Kim y yo compartimos muchos de nuestros valores.

—Ya me lo imagino —le aseguré—. Pero necesitamos hacer esto. Necesita pensar en este proceso, oírse hablar sobre los valores y verlos escritos en un papel. Por tanto, piense que sólo serán cinco minutos.

Bill asintió.

—La verdad es que cuando pienso en todas las cosas de las que hemos hablado (valores y objetivos y dinero) la seguridad no es algo que colocaría en mi lista. Sé que siempre tendremos un techo en el que cobijarnos. Estamos ganando un dinero decente y siempre podré encontrar un trabajo —Bill era un contratista y gracias al *boom* de la economía, su empresa tenía más clientes de los que podía atender—. Lo que yo realmente quiero es más libertad. Mi negocio requiere que trabaje seis días a la semana, que controle a un equipo de veinte personas y que solucione todo tipo de problemas. Quiero más libertad en mi vida.

—Muy bien —le dije— apuntemos «libertad». Ahora, si suponemos que ya tiene más libertad en su vida, ¿cuál sería su siguiente valor?

—Si tuviera más libertad, tendría más tiempo. Esto es lo que me gustaría de verdad, tener más tiempo para hacer lo que quisiera y cuando quisiera.

—¿Qué cosas haría?

Bill admitió con tristeza.

—Solía practicar el windsurf y jugar a golf, y ahora no puedo hacer nada. No he pisado un club de golf en tres años. Es un poco triste, si me pongo a pensarlo. Mi empresa está funcionando bien, pero no tengo tiempo para hacer nada más que trabajar.

Asentí con conmiseración.

—Y si pudiera jugar más a golf y practicar más windsurf —le pregunté— ¿qué valor promovería en su vida?

—Bueno, como a Kim me gustaría divertirme más. Tenemos una casa bonita, dos hijas magníficas pero ya casi nunca hacemos nada divertido. Nuestra vida es aburrida.

—Por tanto, ¿cuál es el valor, Bill?

Me miró y casi saltó de la silla.

—¡Emoción! Quiero tener una vida más emocionante.

Kim se puso a reír.

—Seguro que la tienes, hombre-que-mira-la-televisión-cada-noche-chico-emocionante.

Tuve que reírme un poco.

—Está bien —continué— vamos a apuntar «emoción». ¿Qué más? Si tuviera libertad y emoción en la vida, ¿a partir de qué otros valores le gustaría vivir?

Bill miró a Kim.

–Sin duda, familia y matrimonio. Pero yo los considero un único valor. Para mí, tener un buen matrimonio significa tener una buena familia. Y si no lo tuviera, sería difícil disfrutar de una buena familia. Por eso, voy a ponerlos juntos, como un único valor.

Asentí e hice lo que me había indicado.

Luego Bill se puso un poco triste.

–¿Sabe cuál sería mi siguiente valor? –me preguntó–. Sería la amistad. Casi nunca veo a mis amigos. Tengo unos amigos magníficos y casi nunca hablamos o hacemos cosas juntos; todos estamos muy ocupados con nuestro trabajo y nuestra familia. Echo de menos salir con ellos de vez en cuando y hablar de tonterías.

Escribí «amistad».

–Le queda otra, Bill. ¿Qué otro valor es importante para usted?

–Muy fácil –respondió–, mis padres. Ellos viven a muchos kilómetros de nuestra casa y no puedo permitirme irlos a ver muy a menudo, por lo que mis hijas casi no conocen a sus abuelos. Me gustaría hacer un esfuerzo real para hablar más con ellos y verlos más veces.

–¿Por tanto, anoto «padres» como su quinto valor más importante? –le pregunté.

Bill miró a Kim.

–Cariño, ya sé que estamos muy ocupados y que el dinero es un pequeño inconveniente, pero, sinceramente, necesito buscar una manera para dedicarles más tiempo. No van a estar con nosotros para siempre.

–Ya lo sé, y ya me está bien –reconoció Kim–. Pero ya sabes que se trata sólo de hacer un viaje para verlos. En nuestra casa hay teléfono, tienen *e-mail* y también les puedes escribir cartas.

–Ya lo sé –admitió sintiéndose un poco culpable–. Tienes razón. Pero de momento, puedes apuntar «padres» en la lista –concluyó.

–Perfecto. Ya hemos acabado.

CÍRCULO DE VALORES

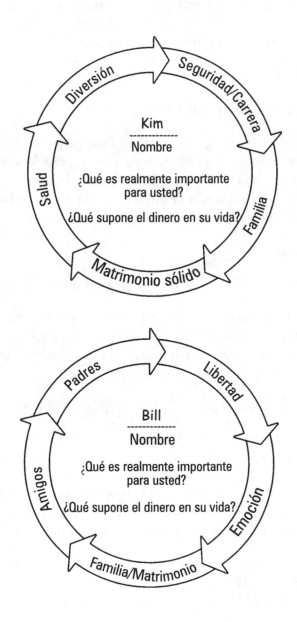

¿Su comportamiento financiero se corresponde con su círculo de valores?

Mientras estaba anotando los valores de Kim y Bill, no estaba haciendo sólo una lista. Estaba creando el círculo de valores de cada uno. En la página anterior, les muestro el resultado.

No había escrito los cinco valores más importantes para ellos en una columna sino en un círculo. Existe un punto de partida pero existen categorías. Esto de debe a que no queremos sugerir que alguno de los valores es más importante que el resto. Esto demuestra que si no le dedican una cantidad de esfuerzo equitativa para cada uno de los valores, su vida se volverá descompensada. Por ejemplo, todos conocemos a gente a quien se le da muy buen crear seguridad en su vida (es decir, ganar mucho dinero), pero que han acabado divorciándose, sus hijos los han odiado y su estado psicológico se ha derrumbado porque no han dedicado suficiente tiempo (o ninguno) a cultivar otros valores distintos como la familia, la diversión o la salud. El círculo de valores no sólo permite darse cuenta de cuáles son los cinco valores más importantes –y como resultado, pensar en ellos–, también sirve para recordar la importancia que tiene el equilibrio en la vida.

Pero, ¿qué tiene que ver todo este discurso sobre los valores con el dinero? Fijémonos en lo que descubrimos al comparar los valores que eligió Kim y los que dijo Bill con la manera en que están viviendo sus vidas. El primer valor que Kim mencionó fue la seguridad. Al presionarla, explicó que lo que realmente quería era saber que sus hijas iban a estar protegidas si le ocurría algo a ella. Sin embargo, cuando me fijé en la situación financiera de Kim y Bill, me di cuenta que nunca se habían preocupado por esbozar un testamento o fijar un fideicomiso, y aunque tenían un seguro de vida, no tenían suficiente cobertura. En resumen, apenas estaban viviendo centrándose en los valores de seguridad y familia.

Cuando se lo comenté, parecían sentirse avergonzados.

–Sabemos que tenemos que hacer algo sobre este asunto. Hemos ido aplazándolo. Es una estupidez.

–De hecho, es una situación completamente normal –les confesé–. Los testamentos y los seguros de vida siempre son un asunto «por resolver». Por suerte, después de que os hayáis centrado en vuestros valores, se convertirá en un tema «obligatorio» y no en uno que deberían hacer, podrían hacer o harían.

De una forma parecida, fuimos revisando todos los valores que habían elegido y comprobamos si su comportamiento financiero era coherente con lo que ellos habían reconocido que era lo más importante. Por ejemplo, cuando Kim admitió que la razón por la que no estaba haciendo ejercicio era porque no quería pagar 50 dólares al mes por el gimnasio, le argumenté que 50 dólares al mes era una cantidad pequeña a pagar si tenía en cuenta que se trataba de uno de los cinco valores más importantes.

En la misma línea, cuando Bill reflexionó sobre pasar más tiempo con sus amigos, se dio cuenta que la principal razón por la que no lo hacían tan a menudo como les gustaría era que siempre planteaban las reuniones como un «gran fin de semana de chicos», y la mayoría de sus amigos o no podían salir tanto tiempo o no podían gastarse tanto dinero. Finalmente admitió:

—No sé por qué le he dado tanta importancia al asunto. Podría organizar una partida de golf un sábado al mes. A todos nos gusta el golf y podemos asistir a clases —nos miró a Kim y a mí—. Además, tendría dos valores amistad y emoción por el precio de uno.

—Ésto se denomina sinergia de valores —le conté—. A veces, promover un valor también ayuda a cumplir con otro.

De repente, Kim, que había permanecido callada, absorta en sus pensamientos, le comentó a Bill:

—Tú sabes que siempre nos estamos quejando de que no vamos a ningún sitio porque nuestras grandes vacaciones cuestan mucho dinero. —Me miró y continuó explicando—. Normalmente hacemos un gran viaje cada año. El año pasado nos gastamos 3.000 dólares en unas vacaciones en Hawaii. —Volvió a girarse hacia su marido—. Creo que preferiría hacer tres o cuatro viajes pequeños de fin de semana que uno grande. Incluso, podríamos ir de camping. Saldríamos más, probablemente nos divertiríamos igual y gastaríamos menos dinero.

Kim prosiguió explicando que lo que ella denominaba «la acción de gastar dinero» era la principal fuente de estrés para ella y para Bill.

—Creo que gastamos mucho más dinero que el que necesitamos —afirmó—. Ésta es otra razón por la que creo que trabajamos demasiado. Me gustaría tener más controlados nuestros gastos porque así podríamos pensar una manera de centrarnos más en las cosas que nos preocupan, en todo lo que hemos apuntado en la lista del círculo de valores.

Los avances de Kim y Bill

Kim y Bill aprendieron algo más sobre el proceso del círculo de valores que simplemente unas ideas generales de las cosas que necesitaban realizar. Actualmente, tienen un Plan Financiero Centrado en los Objetivos detallado y completo. Consiste en una hoja de papel en la que apuntamos los cinco valores en los que decidieron centrarse durante el siguiente año. Al lado de cada valor, anotamos cinco ideas para «hacer», es decir, acciones que necesitaban realizar para armonizar más su estilo de vida con sus valores. (Explicaremos cómo conseguirlo en el próximo capítulo, en el tercer paso.) Y junto a estas ideas para «hacer», escribimos sus ideas para «tener» correspondientes, es decir, objetivos materiales concretos que al vivir de acuerdo con sus valores podrían llegar a obtener.

Este proceso puede parecer sencillo, pero no se engañen. También puede ser muy provechoso. De hecho, cinco semanas después de completar su plan, Bill y Kim al fin lograron que un abogado les hiciera el borrador de un testamento para ellos, algo de lo que habían estado hablando durante casi cinco años, pero que nunca habían gestionado. También aumentaron la cobertura de su seguro de vida. Kim se apuntó al gimnasio. Bill planificó su primer sábado de golf con sus amigos. Y crearon un plan para reducir sus gastos.

Lo más importante es que realizando este simple ejercicio han conseguido centrarse en lo que les preocupa de verdad en la vida, superar el desorden para poderse concentrar menos en tener y más en ser. Está bien tener dinero, pero todo el dinero del mundo no les hará más felices si lo que hacen con él no se adecua con sus valores.

Crear su propio Círculo de Valores^{MR}

Teniendo esto en mente, vamos a empezar a crear su propio Plan de Financiación Centrado en los Objetivos^{MR} elaborando un Círculo de Valores^{MR} para usted y su pareja. Aunque pueden realizar este ejercicio por separado, es mucho mejor que lo hagan juntos. De esta forma, si uno de los dos se queda estancado, el otro puede actuar como narrador, haciendo preguntas del estilo de «¿Qué significa este valor para ti?» o «¿Qué es lo más importante de este valor para ti?», etc.

Imaginen que llegan los dos a mi oficina en California. Tienen una cita conmigo para crear un círculo de valores personal.

En la mesa, delante de ustedes, hay una hoja de papel en blanco, que está esperando a que se digan a ustedes mismos y a mí (el apuntador de los valores) qué es lo más importante en su vida.

Les propongo algunos ejemplos sencillos para introducirlos en el proceso.

1. **Primero, sonrían.** No es un examen. Está pensado para que sea divertido. Nuestro objetivo, en este caso, es simplemente la honestidad. Escriban sólo lo que les haga sentir bien. No anoten un valor sólo porque crean que «queda» bien. Si no refleja cómo se sienten en su interior, no significará nada para ustedes y no podrán centrarse en él.

2. **Empiecen con esta sencilla pregunta:** ¿Qué es realmente importante para ustedes? Cuando piensan en su vida y en las cosas que les importan de verdad, ¿cuál es el valor más importante para ustedes? ¿Qué objetivo tiene el dinero en sus vidas?

3. **Recuerden que deben centrarse en los valores,** ni en objetivos, ni en objetos materiales, ni en cosas que hacer o comprar. Por ejemplo, si les preocupa mucho el dinero, pueden verse tentados a anotar en la lista como valor «tener un millón de dólares». Pero esto no es un valor; es un objetivo. El valor subyacente en este caso podría ser la libertad o la seguridad. El millón de dólares es una manera de conseguir uno de estos valores. De forma similar, mucha gente afirma que les gusta viajar. Pero «viajar» no es un valor; es una cosa que hacer. El valor que promueve el hecho de viajar podría ser la diversión, la emoción o el crecimiento personal.

4. **A medida que se les vayan ocurriendo,** escríbanlos en el círculo de valores hasta que tengan una lista con los cinco valores centrales en los que se comprometen a centrarse en los próximos doce meses. Puede ser que descubran más de cinco valores en los que quieren centrarse. Por este motivo, en el lado derecho del círculo de valores, he previsto un apartado para valores adicionales. Algunos de mis clientes y alumnos han llegado a acumular hasta diez valores. No pasa nada, si se toman en serio su compromiso. Mi experiencia demuestra que para la mayoría de personas es difícil centrarse en más de cinco valores a la vez.

5. **Perfecto.** Han completado el círculo de valores. Pueden sentirse orgullosos.

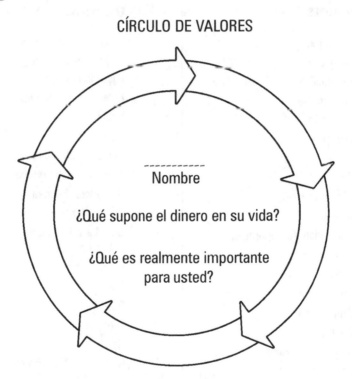

CÍRCULO DE VALORES

Nombre

¿Qué supone el dinero en su vida?

¿Qué es realmente importante para usted?

Si se quedan estancados...

No querría parecer un disco rallado, pero su círculo de valores tiene que basarse en valores o no funcionará. Mucha gente no tiene clara la diferencia entre un valor y un objetivo. Recuerden que los valores están relacionados con «ser»; definen un estilo de vida. Los objetivos tienden a estar relacionados con «hacer» y «tener»; implican objetos materiales. Para ayudarles a diferenciarlos, les he hecho una lista con algunos de los valores y objetivos más comunes. Utilice estos ejemplos para empezar, no los copie. Para que este ejercicio les sea de gran utilidad, tienen que preocuparse de los valores que eligen.

VALORES VS. OBJETIVOS

VALORES	OBJETIVOS
Seguridad	Jubilarse con un millón de dólares
Libertad	
Felicidad	Pagar la hipoteca
Inteligencia	Estar libre de deudas
Diversión	Viajar
Emoción	Hacer ejercicio
Poder	Comprar una casa
Familia	Tener un coche nuevo
Matrimonio	Remodelar la casa
Amistad	Remodelar la cocina
Capacidad de superación	Guardar más dinero para la jubilación
Espiritualidad	
Independencia	Dejar de trabajar
Crecimiento	Golf
Creatividad	Pescar
Aventura	Leer más
Sentirse realizado	Casarse
Confianza	Mantener el matrimonio
Equilibrio	Labores sociales
Amor	

Por favor, no se salten este paso

Es muy fácil saltarse un paso que requiere detenerse, pensar y actuar, sobretodo cuando implica cosas desconocidas como fijarse en sus valores. Algunos de mis alumnos –e incluso algunos de mis clientes eventuales– creen que estos ejercicios sobre los valores son una pérdida de tiempo, que no son más que una moda. Bueno, para ser sincero, no hay nada de moda en fijarse en los valores. El filósofo griego Sócrates ya hablaba exactamente sobre este tipo de cosas en el años 400 a.C. La clave de la evolución humana, enunciaba, podría expresarse en dos palabras poderosas: «Conócete a ti mismo.»

Así que si usted y su pareja preferirían continuar leyendo en vez de detenerse para crear su círculo de valores, les sugiero que superen sus principios y realicen este ejercicio. El camino de los nueve pasos que están realizando les ayuda a construirse a sí mismos. En el siguiente capítulo, iremos más allá del círculo de valores y buscaremos cinco ítems para «hacer» y «tener» que se correspondan con sus cinco valores. Por tanto, completar este paso hará que el siguiente sea mucho más fácil.

Unas últimas palabras sobre los valores

Para mí es increíble que mucha gente pueda estar viviendo con su pareja durante años, a veces hasta décadas, y no conocer cuáles son los valores más importantes para ella. La verdad es que no hay casi nada que pueda llegar a tener más influencia en una relación que conocer lo que es realmente importante para una persona y su pareja. Por desgracia, en el colegio no nos enseñan cómo conocernos interiormente a nosotros mismos ni a descubrir el significado de esta introspección. Tampoco nos enseñan cómo compartirlo con las personas a las que más queremos.

Si tienen hijos, pueden plantearse realizar este ejercicio con ellos. No hay ninguna razón para que los niños no puedan empezar a vivir su vida de acuerdo con sus valores. Piensen en la influencia que podrían tener en sus hijos si supieran cuáles son sus valores y les ayudaran a hacerlos realidad. Su vida podría haber sido mejor si hubieran empezado a hacer este ejercicio cuando todavía eran niños.

Evidentemente, también existe una razón muy práctica para definir sus valores de la manera más clara posible. Según mi experiencia, la gente hace más cosas y actúa más rápido en lo que se refiere al dinero, cuando entienden cómo relacionar sus acciones con sus valores. De este modo la gente hace más cosas para preservar, ante todo, sus valores. Es cierto que los valores son mucho más poderosos que cualquier tipo de obligación o responsabilidad. Los valores no son listas de «cosas por hacer» disfrazados, ni propósitos de principio de año como «ahorrar más», «gastar menos dinero» o «perder peso». La gente no pierde la motivación ni se aburre cuando sus valores están en juego. Cuando hayan definido de una forma clara sus valores más importantes y los hayan escrito, nunca los olvidarán.

Finalmente, sus valores son lo que les motiva en esta vida y lo que le da forma. De hecho, ya los han motivado y han dado forma a su vida aunque ustedes no lo sepan. La diferencia es que ahora han decidido ser más proactivos respecto a ellos decidiendo conscientemente cuáles son los valores en los que quieren centrarse.

Cuando tengan completado el círculo de valores, guárdenlo a mano porque lo van a utilizar para empezar a dibujar cuáles son sus objetivos financieros. Pero antes de hacerlo, necesitamos conocer cuál es su situación financiera actual. *Porque no pueden planear dónde quieren ir sin saber desde donde empiezan.*

Paso 3

Planear juntos...
ganar juntos

Ahora que han creado su círculo de valores, ha llegado el momento de empezar a crear su Plan de Financiación Centrado en los Objetivos. Para hacerlo adecuadamente, su pareja y usted necesitan partir desde la misma situación, es decir, los dos deberían organizar financieramente y planificar su futuro como un equipo. El trabajo en equipo es la clave para realizar este esfuerzo. A lo largo de los años, me he cruzado con innumerables parejas con unos ingresos modestos que han conseguido llegar a ser ricos simplemente aplicando el sentido común y trabajando juntos.

El mejor ejemplo que conozco tiene como protagonistas a una pareja llamada Jerry y Lisa.

Jerry me llamó por teléfono un lunes por la mañana. Me comentó que el viernes siguiente, después de treinta años trabajando para el gobierno, iba a jubilarse. Me preguntó si él y su esposa podían venir el jueves siguiente para hablar sobre sus planes.

Consulté su cuenta por ordenador y revisé su situación: 153.215 dólares. Jerry tenía cincuenta y dos años.

Pensé que o bien Jerry iba a heredar mucho dinero o bien se iba a encontrar con una sorpresa desagradable, lo que significaba que yo iba a tener una reunión horrible.

Como me imaginaba, yo era el único que estaba preparado para la noticia. Cuando Lisa y Jerry vinieron a mi oficina el jueves siguiente, entraron cogidos de la mano como dos adolescentes en su primera cita, literalmente rebosantes de emoción. A medida que Jerry hablaba sobre sus planes y sobre lo que harían en su tiempo libre, Lisa no paraba de exclamar:

—¡No es fantástico que pueda jubilarse tan joven!

Después de diez minutos, tuve que interrumpirles.

—¿Qué me estoy perdiendo? —le pregunté a Jerry—. Sólo he visto 153.000 dólares en tu cuenta de jubilación. ¿Cómo puedes jubilarte?

Jerry sonrió.

—David —me contestó—, me puedo jubilar porque Lisa y yo hemos estado planeándolo durante los últimos treinta años.

Prosiguió explicándome que justo después de haberse casado (cuando él tenía veinte años y ella dieciocho) él entró a trabajar para el gobierno. Había estado trabajando allí desde entonces, ganando un salario anual de 40.000 dólares. Lisa trabajaba a media jornada como estilista y ganaba unos 17.000 dólares al año.

Con el paso de los años, habían comprado una casa y una segunda residencia, una propiedad de alquiler, que en la actualidad poseían «de forma libre y cierta». También tenían tres coches y un barco, todo ya estaba pagado.

—Nuestros hijos —concluyó Jerry— ya han acabado la universidad y Lisa pretende trabajar durante diez años más. Con su sueldo y mi pensión del gobierno, te aseguro, David, que no tendremos tiempo para gastarlo todo.

Estaba muy sorprendido. Como asesor financiero, tenía mucha experiencia con millonarios que tenían problemas financieros constantes porque gastaban más dinero del que ganaban. Enfrente tenía a una pareja que nunca había ganado más de 60.000 dólares al año, situados en lo más alto del mundo.

—¿Cómo lo habéis conseguido? —les pregunté—. ¿Cómo habéis pagado una casa, habéis comprado una propiedad de alquiler, ahorrado para la universidad, guardado dinero para la jubilación, etc.; y todo, con el sueldo de un trabajador del gobierno y el de una peluquera?

En ese momento, fue el turno de que Jerry y Lisa me dieran consejos financieros. Lo que me enseñaron cambió mi vida. También podría cambiar la suya.

Una pequeña planificación puede llevarlos hacia una gran recompensa

La historia de Lisa y Jerry se remonta a sus padres. Los padres de ambos eran muy conservadores en el tema del dinero y enseñaron a sus hijos a utilizar de manera responsable las tarjetas de crédito y a no tener más deudas que las absolutamente necesarias.

Nos dijeron que la manera de comprar una casa era tener una hipoteca de quince años y trabajar para pagarla lo antes posible –me explicó Jerry–. Mi padre me decía que si no tenía suficiente dinero para pagar una cosa al contado, no la comprara. Mi madre decía que el momento de empezar a planificar nuestro futuro era el primer año de casados. «Planificad vuestros objetivos financieros juntos cada año», nos decía. «Divertíos con la planificación y con su cumplimiento.»

–¿Y qué hay de la propiedad de alquiler? –les pregunté–. ¿Cómo la gestionasteis?

Como me contó Jerry, fue fácil.

–Compramos nuestra primera casa cuando yo tenía veinte años, por lo que terminamos de pagarla cuando tenía treinta y cinco años. Al no tener más pagos hipotecarios que cubrir, teníamos un dinero extra cada mes. Lisa y yo pensamos que podíamos gastarlo o bien comprar otra casa y alquilarla. Nos dimos cuenta de que si comprábamos otra casa, podríamos tenerla pagada a los cincuenta años, edad a la que planeábamos jubilarnos, y tener unos ingresos extra para vivir gracias al alquiler.

¿Y los tres coches y el barco? También resultó ser una cosa «fácil». Todos los coches eran de segunda mano –ninguno tenía más de siete años, pero todos estaban en buen estado y funcionaban como si fueran nuevos. En referencia al barco, se trataba de un sueño muy deseado, que se hizo realidad después de diez años de ahorro disciplinado.

¿Realmente podía ser tan sencillo? ¿Se puede empezar a planificar desde jóvenes, centrarse en los objetivos y los sueños, gestionar el dinero de forma responsable y retirarse a los cincuenta años recién cumplidos? Miré a Jerry, sin acabármelo de creer.

—¿Sabes que tienes mucha suerte de que Lisa todavía quiera seguir trabajando? Si no lo hiciera, tú tendrías que seguir trabajando —apunté.

Jerry negó con la cabeza.

—No se trata de suerte —me replicó—. Como te he dicho Lisa y yo habíamos estado planeándolo durante mucho tiempo. Hace diez años aproximadamente, le dije que no quería continuar trabajando para el gobierno toda la vida, y ella me contestó que trabajara hasta que llegara la pensión y que luego ella trabajaría a media jornada hasta los sesenta años.

Con ese objetivo en mente, Lisa empezó a buscar un trabajo que le gustara, uno que le permitiera un horario flexible y que le posibilitara ser su propia jefa. Hizo unas cuantas pruebas y, al final, encontró uno de peluquera.

—Te estoy diciendo que —me anunció Jerry— todo el mundo puede hacer lo que nosotros hemos hecho. Es cuestión de planearlo juntos.

He empezado este capítulo con la historia de Jerry y Lisa porque es uno de los mejores ejemplos que conozco de una pareja feliz que nunca ha ganado mucho dinero pero que han podido alcanzar sus objetivos porque han planificado su futuro financiero conjuntamente. Lo más importante no se puede expresar mejor: si Jerry y Lisa pudieron hacerlo con el sueldo de un trabajador del gobierno y los ingresos de una estilista a media jornada, no hay nada que se lo impida a ustedes. Lo único que necesitan es planificación.

No hacer planes juntos es anticipar el fracaso

Desgraciadamente, la mayoría de parejas no son como Jerry y Lisa. No hacen planes conjuntamente. En vez de eso, simplemente dejan que su vida financiera suceda.

Dejar que la vida financiera simplemente suceda es como subirse a un avión sin tener ni idea de adónde se dirigen. Es decir, si quieren ir en avión de San Francisco a Nueva York, presentarse en el aeropuerto de Oakland no les servirá de nada. Tampoco le irá bien presentarse en el aeropuerto de San Francisco pero coger un avión que se dirige a Los Ángeles. Finalmente, si van al aeropuerto correcto y cogen el avión correcto, no hay garantía de que lleguen a su destino a no ser que tengan un piloto en la cabina que le asegure que se encuentran en el camino correcto.

Todos estos ejemplos son obvios cuando se trata de viajar. ¿No deberían ser también igual de obvios si los aplicamos a la planificación de su vida financiera conjunta?

Existen tres verdades fundamentales sobre la planificación financiera

1) No pueden planificar su dinero si no saben desde dónde empiezan.

2) No pueden planificar su dinero si no saben dónde quieren terminar.

3) Con el fin de mantenerse en el camino desde que empiezan hasta que llegan a su destino, tienen que controlar el progreso.

En este paso —«Planear conjuntamente… ganar conjuntamente»— hablaremos sobre algunas herramientas y estrategias sencillas que les ayuden en esta aparentemente preocupante labor de ordenar su dinero para que puedan mantenerse en el camino. También les mostraré la importancia de establecer unos objetivos en las relaciones con la pareja y de crear un futuro financiero próspero.

¿Saben en qué punto se encuentran los dos exactamente?

Si en este momento les pidiera a usted y a su pareja que describieran su situación financiera actual, ¿podrían decirme cuál es su patrimonio actual neto? ¿Saben cuáles son sus activos y pasivos y sus gastos? ¿Podrían hacer una lista, sin dificultad, de las inversiones que poseen, de cuánto capital tienen en su casa y por qué o a quién les deben dinero? ¿Toda esta información está bien organizada en un lugar de fácil acceso? ¿Podrían localizarlo con rapidez si lo necesitaran? ¿O creen que guardar conjuntamente sus informes es un proyecto imposible?

No se engañen con las respuestas de estas preguntas. Sean sinceros. Recuerden el cuestionario del primer paso. ¿Cuántos puntos obtuvieron? ¿Cuál fue la puntuación de su pareja?

Si son como la mayoría de parejas, seguramente no conseguirían todos los puntos que les habría gustado. No se preocupen; en cierto modo, es normal. En este momento, el objetivo es empezar a reconducir estos problemas. Recuerden que no compraron este libro para ser normales, sino para estar por encima de la media o, incluso, para llegar a ser extraordinarios. Compraron el libro —y están invirtiendo su tiempo en leerlo— para acabar siendo ricos.

Ocho cuentas de jubilación independientes, seis certificados de acciones, diez tarjetas de crédito...

Bill y Nancy eran una pareja «normal» de unos treinta años largos que vino a mi despacho porque querían gestionar con eficacia sus finanzas. Llevaban diez años casados, con dos hijos, y durante años habían estado intentando organizar su dinero.

Trajeron consigo un gran archivador con papeles confusos: informes financieros, informes anuales, cuentas canceladas, recibos viejos...

—Aquí lo tenemos todo. ¿Por dónde quieres empezar? —me planteó Bill.

Revisar los informes financieros de alguien puede ser una experiencia increíble. Y realmente lo fue en el caso de Bill y Nancy. Durante años, habían ido acumulándolo todo, incluso papeles sin importancia, en el archivador. La buena noticia era que habían guardado muchos documentos. La mala, que era evidente que no se habían preocupado nunca por mirar lo que guardaban. La mayoría de informes y documentos todavía estaban dentro de los sobres en los que se los habían mandado y muchos no estaban ni abiertos.

Después de repasar el contenido de la carpeta durante un rato, descubrí que entre los dos tenían, como mínimo, ocho cuentas de jubilación independientes. ¡Ocho cuentas de jubilación independientes (CJI) a los treinta años! También tenían cinco cuentas bancarias, diez tarjetas de crédito, una hipoteca de la casa, varios títulos de ahorro, seis certificados de acciones y muchas más cosas. Nos llevó casi toda la tarde concluir cuánto dinero tenían y dónde lo tenían guardado.

¿Parece una locura, verdad? ¿Creen que es una excepción? Pues están equivocados.

Aunque posiblemente no sean tan desorganizados, por desgracia me he dado cuenta de que la mayoría de parejas no tiene un sistema para organizar sus finanzas. Esto no se enseña en el colegio, y la gente está demasiado ocupada trabajando durante toda la semana para hacerlo. Como consecuencia, no lo hacen.

De todos modos, no se preocupen. Después de tener muchas citas como la de Bill y Nancy, decidí crear un sistema para ayudar a las parejas a mantener en orden la economía familiar de una forma rápida y sencilla. Con los años, miles de personas han utilizado este sistema para encargarse de su dinero y, a continuación, me propongo compartirlo con ustedes.

Permítanse una limpieza financiera

Cuando alguien llama a mi oficina para fijar una cita para hablar de sus finanzas, lo primero que hacemos es enviarle el Inventario para planear cómo acabar haciéndose rico. Se trata de una herramienta que creé para ayudar a la gente a organizar su documentación financiera. Organizarse –lo que yo denomino una «limpieza financiera»– es la primera cosa que necesitan realizar cuando deciden tomarse en serio su planificación financiera. Tienen que arreglar el desorden antes de poder avanzar.

En el segundo paso, les he mostrado cómo identificar sus valores en relación con el dinero. Una vez realizado esto, es el momento de arremangarse y ponerse a trabajar en ello. Al final del libro, en el apéndice, encontrarán una copia del Inventario para planear cómo acabar haciéndose rico. Vayan a la página 247 y léanlo por encima. No lo completen en este momento; sólo ojéenlo.

Completar el Inventario para planear cómo acabar haciéndose rico es uno de los ejercicios más importantes de este libro. Es una labor que literalmente puede cambiarles la vida. Pero no quiero que dejen de leer en este instante. Me gustaría que pospusieran la realización del ejercicio hasta que los dos hayan terminado de leer el libro. Deben entenderlo como unos «deberes» que tendrán que realizar más tarde.

Aunque no quiero que dejen de leer el capítulo y que pasen a completar el Inventario, querría que llevaran a cabo una acción en este momento. Lo que quiero que hagan es que ordenen adecuadamente sus documentos financieros para que no tarden una eternidad en rellenar el Inventario.

Si son como la mayoría de los alumnos de mis clases de inversión, estoy seguro de que ya tendrán toda la información ordenada alfabéticamente en unos archivos con códigos de colores y grandes etiquetas. Cuando tengan todo guardado cuidadosamente en un mueble archivador limpio, bonito y accesible, localizarán todo lo que necesiten para completar el ejercicio en un abrir y cerrar de ojos. Seguramente no les costará más de quince minutos, ¿no es cierto?

Tranquilos: estaba bromeando. Soy muy consciente de que el sistema que utiliza la mayoría de gente para archivar es una caja de zapatos o una vieja carpeta en las que amontonan todos los documentos del banco, los certificados de las acciones, las pólizas de seguros y otros papeles que saben que deberían guardar pero que, realmente, no saben cómo hacerlo. No se preocupen por ello. Aunque guarden sus «archivos» en una bolsa de la compra colocada detrás del armario de la ropa, les voy a proporcionar un sistema que hará que ordenar los papeles financieros sea un proceso tan sencillo que no volverán a ser desordenados nunca más.

Es el momento de encontrar los papeles

Antes de empezar a entrar en los detalles, me gustaría decirles algo con toda sinceridad. Este libro puede servir para entretenerles y para hacerles pensar en algunas cosas importantes, pero de ninguna manera va a cambiar sus vidas si no están dispuestos a llevar a cabo algunas acciones reales. El sistema que les voy a mostrar es tan sencillo que, seguramente, serán capaces de ponerlo en práctica en menos de treinta minutos. Pero al ser tan sencillo, pueden verse tentados a leer las siguientes páginas y decirse el uno al otro: «Tiene sentido; ya lo haremos más tarde.»

No lo dejen para más tarde. Comprométanse en este mismo instante a hacer este ejercicio en las cuarenta y ocho horas posteriores a la lectura. Deben hacerlo mientras lo tienen fresco en la mente y están motivados. Recuerden que el motivo principal para hacerlo es mejorar su vida financiera. Yo no me preocuparía tanto por la apariencia del archivador. Lo más importante es que encuentren una manera sencilla para conocer el estado de su información financiera y para llegar a saber fácilmente (es decir, teniéndolo por escrito) qué es lo que poseen, lo que deben y lo que gastan.

Si son una de esas parejas que han comprado un programa de software de gestión de dinero como el Quicken y lo han utilizado durante más de noventa días, este proceso les será fácil porque ya tendrán las cosas bien organizadas. Si no es así, no se preocupen. Como les he dicho, no debería costarles mucho más de media hora. Si tardan más tiempo, tampoco se preocupen: esto significará que realmente necesitaban hacerlo.

El sistema de las carpetas archivadoras para acabar haciéndose rico[MR]

A continuación, les voy a explicar lo que quiero que hagan. En primer lugar, deberían obtener una docena de carpetas y una caja con, como mínimo, cincuenta separadores para colocarlos dentro. Luego, tienen que etiquetar las carpetas de la siguiente manera:

1) A la primera, pónganle la etiqueta de «Declaraciones fiscales». Dentro, coloquen ocho carpetas, para los siete años anteriores y una para el actual. Marquen el año en cada una de las pestañas

de las carpetas e introduzcan todos los documentos importantes sobre impuestos de ese año, así como una copia de todas las declaraciones de impuestos que han hecho ese año. Con un poco de suerte, habrán guardado como mínimo sus declaraciones antiguas. Si no las han conservado, pero en el pasado utilizaron los servicios de un profesional, llámenlo y pídanle que les devuelva las copias. Como regla general, deberían guardar las declaraciones de los últimos cinco años como mínimo porque es el límite que la ley permite para que Hacienda les haga una inspección.

2) A la segunda carpeta, pónganle la etiqueta de «Cuentas de jubilación». En este apartado van a guardar todos los documentos relativos a estas cuentas. Deberían crear un archivo para cada una de las cuentas que usted y su pareja poseen. Y no olviden escribir en la parte superior del archivo a quién pertenece la CJI. Lo más importante que tienen que guardar en estas carpetas son los informes trimestrales. No necesitan conservar la publicidad que les envían las empresas de fondos de inversión. Sin embargo, si tienen una cuenta de jubilación de la empresa, deberían conservar una copia del contrato porque les informa de los valores de inversión que poseen, cuestión que deberían repasar anualmente.

3) En la tercera carpeta, coloquen una etiqueta en la que diga «Seguridad Social». En esta deberían colocar los documentos más recientes de los beneficios de la Seguridad Social. Si no han recibido ninguno por correo, pueden ponerse en contacto con ellos para pedirlo por Internet o por teléfono.

4) Etiqueten la cuarta carpeta con el nombre «Cuentas de inversión». En esta carpeta deben guardar los documentos relacionados con cada una de estas cuentas que su pareja o usted posean. Si poseen fondos de inversión o acciones individuales, todos y cada uno de los documentos que reciben relacionados con cada una de estas inversiones deberían ir en una carpeta concreta. Si los dos tienen cuentas individuales y conjuntas, creen archivos independientes para estas.

5) A la quinta carpeta pónganle la etiqueta de «Cuentas corrientes y de ahorro». Si poseen cuentas corrientes y de ahorro separadas, creen carpetas independientes para cada una. Guarden los recibos bancarios mensuales en esta carpeta.

6) A la sexta, colóquenle la etiqueta «Cuentas familiares». Si son propietarios de su vivienda, en esta carpeta deberían abrir los siguientes archivos: «Escritura», en el que deberán guardar la información notarial de propiedad (si no pueden encontrarla, pónganse en contacto con su notario o agente inmobiliario); «Mejoras de la vivienda», en el que situarán todas las facturas de cualquier reforma que hayan realizado para mejorar la casa (como los gastos por reformas en la casa pueden añadirse a los gastos básicos de la casa en el momento de venderla, deberían guardar estas facturas durante todo el periodo en que posean la casa), e «Hipoteca», en el que deberán conservar todos los documentos de la hipoteca (deberían comprobarlo con regularidad porque las empresas de hipotecas no suelen abonar en cuenta adecuadamente).* Si viven en un piso de alquiler, en esta carpeta deberían guardar el contrato de alquiler, la factura del depósito de seguridad y los recibos de los pagos del alquiler.

7) A la séptima carpeta, pónganle la etiqueta de «DEUDAS de la tarjeta de crédito». Asegúrense de que escriben en mayúscula «DEUDAS» para que las tengan presentes y les preocupe cada vez que la vean. No estoy bromeando. Más adelante, les explicaré cómo solucionar las deudas de la tarjeta de crédito. Por ahora, espero que ésta no sea una de las carpetas más grandes. Deberían crear un apartado diferente para cada una de las cuentas de las tarjetas de crédito que poseen entre usted y su pareja. Para muchas parejas, esta carpeta puede llegar a tener más de doce apartados. He conocido a parejas con más de treinta. Sin embargo, independientemente del número de apartados que tenga, guarden todos los documentos mensuales relacionados con estas cuentas y consérvenlos. Como en el caso de las declaraciones, deberían guardar todos los informes de las tarjetas de crédito al menos durante cinco años por si Hacienda decide alguna vez hacerles una inspección.

---

* Una vez vi en la televisión un reportaje sobre los errores más comunes que cometían las empresas de hipotecas y fui rápidamente a comprobar los documentos de la mía. Descubrí que ocho de los doce documentos de la hipoteca de los últimos meses eran inexactos. Tardé varios meses en corregir mi cuenta. Aprendan de mi experiencia. No archiven los recibos de la hipoteca sin haberlos leído. Asegúrense de inspeccionar atentamente estos documentos siempre.

8) La octava carpeta tiene que denominarse «Otros pasivos». En este apartado deben guardar todos los documentos relacionados con deudas que no sean los de la hipoteca o las cuentas de tarjetas de crédito. Esto incluiría préstamos para pagar la universidad, el coche, etc. Cada deuda debería tener su propio apartado, que debería contener el préstamo correspondiente y las relaciones de los pagos.

9) La novena lleva la etiqueta de «Seguro». Contendrá apartados independientes para cada una de las pólizas de seguro que tengan, incluyendo el seguro de enfermedad, vida, del coche, de propiedad o de alquiler, de invalidez, de cuidados a largo plazo… En estas carpetas tienen que conservar la póliza adecuada y los recibos de los pagos correspondientes.

10) La décima carpeta debe llevar la etiqueta de «Testamento familiar o fideicomiso». Esta carpeta debería contener una copia del testamento o fideicomiso activo más reciente, junto con la tarjeta de visita del abogado que lo elaboró.

11) Si tienen hijos, coloquen una carpeta con la etiqueta «Cuentas de los niños». Debería contener todos los documentos o informes vinculados a las cuentas de ahorro para la universidad u otras inversiones que alguno de los dos haya hecho para los hijos.

12) Finalmente, creen una carpeta que se denomine «Inventario para planear cómo acabar haciéndose rico». En esta carpeta guardarán los formularios de las páginas 243 y 247 después de que los hayan completado. También deberá contener un archivo en el que conserven un documento semestral del estado total de su patrimonio, un documento vital que les ayudará a mantenerse en la línea de su progreso financiero.

Muy bien, ya han terminado. Han creado doce carpetas –u once, en el caso de que no tengan hijos. No está mal, ¿verdad?

A medida que inicien el proceso de juntar su sistema de carpetas archivadoras, pueden descubrir que han perdido algunos documentos. En algunos casos (por ejemplo, los documentos de los beneficios de la Seguridad Social o el testamento), puede ser porque no hayan recibido o elaborado nunca el documento en cuestión; en otros (por ejemplo, copias de las declaraciones antiguas), puede ser que los hayan tirado sin darse cuenta. Sea cual sea el motivo, no se preocupen. Recopilen los documentos de la mejor forma posible y anoten los que les faltan. Cuando lleguen al final del libro, estarán totalmente organizados y bien preparados para rellenar los huecos.

Por ahora, deberían sentirse muy satisfechos del progreso que acaban de realizar. Ahora que han empezado el proceso de ordenar su economía familiar, están mucho mejor preparados que cuando empezaron a leer el libro.

¿Qué pasa si su pareja no quiere realizar este ejercicio con usted?

Aunque actualmente tenga una relación seria (esté casado o comprometido), existen pocas posibilidades de que usted y su pareja se levanten un día y se digan el uno al otro: «¿Sabes qué? Deberíamos ir a una librería y comprar un libro en que se enseñe a las parejas cómo gestionar el dinero conjuntamente. Luego, podríamos leerlo y organizar nuestras finanzas. Sería muy divertido y nos ayudaría mucho a planear nuestro futuro.»

Lo más probable es que alguno de los dos compre el libro por su cuenta porque está preocupado por su futuro financiero como pareja. Como consecuencia uno de los dos está muy motivado por realizar este ejercicio, mientras que el otro no lo está –posiblemente, no tenga ningún interés.

¿Por qué les cuento esto? Porque, por algún motivo, en la realidad parece que los polos opuestos se atraen. Esto es totalmente aplicable a muchas parejas que conozco. La gente ordenada se mezcla con la desordenada, la gente que cree que se debe aprovechar toda la pasta de dientes del tubo se mezcla con la que sólo aprovecha la mitad…

No voy a intentar hacer una terapia ni pretendo saber por qué suceden estas cosas. Sólo sé que simplemente ocurren. Y aunque las diferencias pueden añadir un poco de sal a la vida de las parejas, también pueden provocar problemas reales. De hecho, lo que me motivó más a escribir este libro fue lo que les he contado en la introducción sobre la mujer que me explicó que su matrimonio era como un avión con un motor de reacción que se dirige hacia delante y otro que funciona al revés. Ella quería saltar en paracaídas del avión antes de que se estrellara. Esa historia era realmente triste y, por desgracia, es más habitual de lo que parece.

El mejor punto de partida es la organización

La gente siempre me pregunta cuál es la mejor forma de empezar en el caso de que nunca hayan trabajado como pareja para organizar sus finanzas. Pero, más concretamente, lo que quieren saber es si hay alguna manera de empezar sin pelearse.

Mi respuesta es simple. Tienen que fijar una cita de las que yo denomino «limpieza de los archivos sobre el dinero». En esto consiste el sistema de archivado para acabar haciéndose rico. Deben decirle a su pareja: «Ya ha llegado el momento de organizar nuestros archivos financieros.» Plantéenselo igual que cuando piensan en la limpieza del garaje: es una de esas cosas tan fácil de poner en práctica, pero que nunca te hace sentir bien hasta que no la has acabado.

Por tanto, en el caso que este libro no sea una compra conjunta sino el resultado de que uno de los dos miembros de la pareja haya decidido tomarse en serio sus finanzas, les recomiendo que le muestren este capítulo a su pareja y que le sugieran programar dos horas para aplicar juntos un nuevo sistema de archivado. Pero, les voy a exponer un secreto. Si su pareja no está interesada en trabajar con usted en esta cuestión, empiece usted solo. Simplemente, siéntese en la mesa de la cocina (o donde quiera) y empiece a organizar sus archivos. Se quedará sorprendido de lo rápido que su pareja irá a sentarse con usted y querrá implicarse.

Compilar todos los documentos financieros y crear un nuevo sistema de archivado tiende a despertar el interés de las parejas más reacias. Después de todo, es un tema un poco más serio –e importante para su futuro– que limpiar el garaje.

No sean demasiado agresivos: ofrezcan miel y no vinagre

El entusiasmo está muy bien. Pero demasiado puede llegar a ser contraproducente. Una de las peores cosas que se puede hacer cuando se quiere avanzar positivamente en una relación y ocuparse de las finanzas es empezar a marear a la pareja sobre lo que ha hecho o lo que ha dejado de hacer.

Yo aprendí esta lección de una manera muy dura cuando empecé a impartir los seminarios de «Smart Women Finish Rich» («Las mujeres inteligentes acaban ricas»). Las mujeres se marchaban de los seminarios tan emocionadas y tan motivadas que cuando llegaban a casa les comentaban a su pareja cosas como: «Lo estamos haciendo todo mal. Acabo de tener una clase con el asesor financiero y ahora sé que te vas a morir antes que yo o que te divorciarás de mí y me dejarás por alguna jovencita. Por eso, tienes que enseñarme dónde tenemos todo nuestro dinero para que pueda arreglar el lío en el que nos has metido.»

Esta afirmación no es precisamente lo que yo tenía en mente.

Después de unas cuantas llamadas de maridos y novios enfadados que querían saber lo que les había estado explicando a sus mujeres o novias (a lo que respondía amablemente «Bueno, todo lo que les he contado es que deberían hacer sus deberes financieros y organizar sus archivos financieros»), me di cuenta de la importancia de la diplomacia.

Como solía decir mi abuela Bach: «Puedes cazar muchas más moscas con miel que con vinagre.» En otras palabras, si quieren que la planificación y la gestión financiera sean un proceso divertido que los dos puedan realizar juntos, deberían preocuparse de plantear el tema de forma atractiva.

Así lo hizo una de mis clientes, que se llamaba Betsy. Había asistido a uno de mis seminarios y enseguida se dio cuenta de que necesitaba hablar con su marido Victor sobre la organización de sus documentos, que según su propia descripción eran un «caos». Afortunadamente, también se dio cuenta de que si agobiaba a Victor con el tema, lo más probable era que no reaccionara bien.

—Lo que hice —me explicó un día— fue decirle a Víctor: «Cariño, tengo muchos deberes de este seminario al que estoy asistiendo y sé que voy a necesitar tu ayuda. ¿Crees que podríamos intentarlo este fin de semana? Porque no estoy segura de que pueda hacerlo sin ti.»

Ésta resultó ser la mejor forma de encarar el problema. Ninguno de los dos estaba acusando al otro de nada (como, por ejemplo, de dejar que sus finanzas se convirtieran en una confusión). Tampoco estaban intentando controlar solos el dinero de la pareja. Debido a que Betsy lo presentó como algo que ella necesitaba pero no podía hacer sin la colaboración de Víctor, él se sintió muy contento de poderla ayudar. Además, añadió:

–Cuando le mostré a Víctor en lo que consistían los deberes, admitió rápidamente que era algo que deberíamos haber hecho hacía tiempo.

Al final, Víctor terminó agradeciéndole a Betsy que hubiera conseguido que limpiaran su garaje financiero y que le hiciera comprender que debían gestionar sus finanzas juntos, como un equipo.

–Debo admitir que cuando terminamos de completar el formulario del inventario aquel fin de semana nos sentimos bien –me contó Víctor–. Por primera vez durante años, Betsy y yo hablamos de la situación real en que se encontraba nuestra vida financiera. Al escribir en un papel todos nuestros activos y pasivos, finalmente fuimos capaces de entender dónde nos encontrábamos en ese momento y cuál era el valor de nuestra familia. A pesar de que siempre había tenido una idea aproximada en la cabeza, al completar el inventario me fue más fácil enfrentarme a ello. Debo admitir, que me he quitado un peso de encima por el hecho de que Betsy se haya implicado en nuestro dinero. Me ha quitado un poco de presión.

Así que recuerden que deben implicarse y realizar este proyecto.

Los pequeños éxitos refuerzan la confianza y el ímpetu

Crear un sistema de archivado en casa para sus finanzas no es una gran proeza. En realidad, es una acción tan pequeña que es fácil justificar el hecho de no llevarla a cabo. Se pueden decir: «Parece una idea muy buena, pero nosotros ya tenemos los papeles bastante ordenados.»

Pero por un momento imagínense que ocurriría si la realizaran. Imaginen que los dos fijan un día para trabajar en su dinero y lo dejan todo organizado. Imaginen cómo se sentirían cuando llegara el momento de buscar un recibo o una obligación financiera: simplemente podrían abrir su archivador y saber dónde se encontraba cada cosa.

Si todo este ejercicio sencillo les da un poco más de confianza financiera, habrá valido la pena el esfuerzo. La media de norteamericanos pasa unas siete horas al día viendo la televisión. Todo lo que les estoy pidiendo es que ustedes dos planeen pasar tan sólo dos horas de los próximos días organizando toda su información financiera.

Créanme: muchas veces lo que se necesita para mejorar la vida es una pequeña acción y un pequeño éxito. Como he ayudado a muchas parejas con este sistema de archivado, sé que los mantiene motivados para realizar acciones financieras importantes en su vida. Y en esto consiste la parte restante de este libro.

Tomen sus valores y háganlos realidad

Ahora que ya se han organizado financieramente, pueden empezar con los objetivos. Al haber dado más de mil charlas y conferencias en los últimos siete años que reunían a más de 100.000 personas, sé por experiencia que nada puede cambiar más rápido la vida de una persona como definir un número de objetivos concretos e importantes y escribirlos. Créanme, tan sólo necesitan poner por escrito unos cuantos objetivos importantes que puedan transformar literalmente su futuro en cuestión de días.

Existe un problema respecto a este planteamiento. La idea de establecer unos objetivos es un concepto tan superexplotado que cuando una persona lo oye, automáticamente desconecta. Su mente piensa: «Oh, no, otra vez el tema de los objetivos. Cuéntenme otro secreto.» Si en este momento esto es lo que están pensando, les comprendo. Pero préstenme atención y luego dediquen diez minutos a probar mis propuestas. Ya han llegado muy lejos, ¿no pueden continuar unos cuantos minutos más?

¿Por qué necesitamos establecer los objetivos? A continuación, les explico la clave...

La vida es difícil

La verdad es que no es fácil obtener buenas notas, ni graduarse en la universidad ni encontrar a una persona a quien amar y mantener con ella una relación buena (o un matrimonio). No es fácil tener éxito en los negocios. Ni tampoco ser rico, ni educar bien a los hijos, ni estar delgado.

Podría continuar, pero creo que ya han entendido la idea. La vida no es fácil, pero no es la única realidad que nos importa en este contexto. También suele ser cierto que se necesita tanto esfuerzo para tener una «mala vida», en la que no se puede conseguir lo que uno desea, como para tener una «buena vida», en la que sí que se consigue. Si le dan la oportunidad de elegir, ¿por qué no disfrutar de una buena vida?

Aunque al final se dé cuenta de que no lo ha conseguido, sigue valiendo la pena intentar llevar una buena vida. Después de todo, independientemente de que gane o no al final, si se prepara para el juego, al menos podrá participar. Pero, por desgracia, la mayoría de gente no participa en el juego. Sencillamente, dejan que la vida les ocurra. Viven como si estuvieran en una barca llevada por la corriente sin tener remos. Sea cual sea la dirección del río de la vida, se dejan llevar. ¿Y saben dónde terminan la mayoría de estas personas? Hundidas.

Es triste pero es cierto. La gente que simplemente «se mueve con la corriente» termina quejándose del lugar en el que «han atracado». Van diciendo que la vida no es justa; yo no estoy de acuerdo. La vida es absolutamente justa. Cada uno obtiene lo que se ha esforzado por conseguir. Si no se esfuerzan por nada, no obtendrán nada. Si luchan por algo, aunque olviden su objetivo principal, pueden llegar a alcanzar muchas cosas por el camino.

Pero quiero decirles más. Establecer unos objetivos funciona. El mundo está lleno de gente que ha empezado de la nada y ha logrado conseguir más de lo que nunca había llegado a soñar; sencillamente, como resultado de haberse fijado unos objetivos. Un magnífico ejemplo de esto es una mujer, conocida y amada por todos los norteamericanos, llamada Oprah Winfrey. Se trata de una persona que creció en la pobreza, de quien abusaron sexualmente cuando era niña, a quien le dijeron que no ganaría nada y que se ha acabado convirtiendo en una de las ídolos más grandes de nuestro tiempo. Seguro que Oprah no se despertó un día cuando era una adolescente y se dijo: «Creo que mañana tendré mi propio programa de televisión y tendré influencia en la vida de millones de norteamericanos cada día.» Trabajó durante décadas, fijándose unos objetivos y luchando contra todo tipo de obstáculos que surgían en su camino.

Lo mismo podríamos contar de un hombre conocido por todo el mundo llamado Michael Jordan. Sin lugar a duda el mejor jugador de baloncesto de todos los tiempos, Michael no se levantó un día con veinte años y se dijo: «Creo que seré la mejor estrella del baloncesto que haya existido nunca.» Era un chico que no pudo formar parte del mejor equipo del instituto la primera vez que lo intentó. Cuando era joven, la gente le decía que olvidara el baloncesto. Pero Michael tenía unos sueños, unos objetivos y trabajó duro librando todos los desafíos para llegarlos a hacer realidad.

¿Qué efecto les han producido estas historias? No tienen que ser Oprah ni Michael Jordan. No les estoy pidiendo que decidan ahora mismo cambiar el mundo o convertirse en los mejores del mundo. Tan sólo, les estoy sugiriendo que usted y su pareja se sienten, cojan los cinco valores que han pensado en el segundo paso y que establezcan cinco objetivos concretos (al menos uno de ellos debería de estar relacionado con el dinero) que los dos pretenden alcanzar durante los próximos doce meses. Por este motivo, tendrán que crear el Plan Financiero Centrado en los Objetivos del que he estado hablando.

Diseñar su Plan Financiero Centrado en los Objetivos[MR]

¿En qué consiste un Plan Financiero Centrado en los Objetivos? Este plan no es más que una lista de cosas a hacer (sus objetivos) que les permitan vivir una vida acorde con los valores que son más importantes para ustedes. A continuación, les explicaré siete normas sobre cómo definir estos objetivos, seguidas de una pequeña explicación que les ayudará a crear su propio plan.

NORMA Nº1
Asegurarse de que sus objetivos están basados en sus valores.

Como hemos explicado en el segundo paso, identificar los cinco valores más importantes puede parecer un proceso poco atractivo, pero realizar este sencillo ejercicio puede cambiar su vida. El motivo es que cuanto más claros tengan sus valores, más fácil les será basar sus objetivos en estos valores, y cuanto más se basen sus objetivos en los valores, más probabilidades tendrán de alcanzarlos. Después de todo, ¿pueden pensar en algo mejor o más emocionante que planear sus gastos e inversiones en torno a las cosas que más les importan? ¿Y qué les importa más que los valores por los que usted y su pareja quieren vivir y evolucionar?

Por supuesto, vivir la vida que desean basándola en sus objetivos no es algo que simplemente ocurre. Tienen que hacer que suceda, tienen que diseñarla. Esto implica utilizar el círculo de valores del segundo paso y tener sus cinco valores más importantes claramente definidos. Y recuerden no sentirse abrumados por la perfección en este punto. No existen valores «perfectos» ni «buenos». La idea es que usted y su pareja empiecen a pensar y a planear activamente sobre la base de lo que es más importante para los dos.

Idealmente, cada uno de estos cinco valores debería conducirles a un objetivo concreto. Pueden escribir un valor y, a continuación, al lado, un objetivo relacionado al que quieran dedicar tiempo y esfuerzo.

NORMA Nº 2
Pensar en unos objetivos concretos, detallados y con una fecha de realización.

Es muy importante que piensen en unos objetivos lo más concretos que sea posible. En el formulario, encontrarán cinco apartados diseñados para que los ayuden a conseguirlo.

Muchas parejas quieren ser ricas; otras querrían ser más románticas; a otras les gustaría formar una familia estable. A casi todos nosotros, nos gustaría algo que actualmente no tenemos.

Por desgracia, querer algo y obtenerlo son dos cosas diferentes. Para conseguir un objetivo, deben saber específicamente qué es lo que están persiguiendo. En otras palabras, necesitan tomar todas esas ideas y pensamientos vagos que tienen sobre el tipo de vida que les gustaría llevar y concretarlos.

Por ejemplo, a mí me gustaría tener una casa de vacaciones. Por tanto, podría decir que uno de mis objetivos es comprar una y escribir en mi formulario: «Poseer una segunda residencia.» ¿Pero qué debería cumplir? No demasiado, porque una frase tan general como «poseer una segunda residencia» no nos ayudará ni a mi mujer ni a mí a centrarnos en lo que necesitamos de verdad para conseguir lo que deseamos. ¿Dónde estaría ubicada esta segunda vivienda? ¿Cuánto nos costaría? ¿Cómo sería? ¿Cuándo la compraríamos? ¿Cuánto tiempo tardaríamos en ahorrar lo suficiente para pagarla?

En cambio, ¿qué pasaría si pensara en mi objetivo y lo describiera de la forma siguiente: «En los próximos tres años, pretendo comprar una casa para las vacaciones de cinco habitaciones y tres baños, en la ribera oeste del lago Tahoe con un embarcadero en el que Michelle y yo podamos nadar»? Esto es algo que podemos ver literalmente, que podemos visualizar exactamente cómo será. También podemos imaginarnos cuánto nos costaría una segunda residencia como ésta. Podemos darnos cuenta de si es un sueño que está a nuestro alcance. Podemos diseñar un plan para empezar a ahorrar.

Incluso podemos llegar a planificarnos un calendario. Por ejemplo, podríamos decidir que nuestra intención es comprar nuestra casa en Tahoe, como máximo, en la primavera de 2003 para poder ir a pasar los meses de julio, agosto y diciembre de ese año.

A partir de ese momento, nuestro objetivo es empezar a sentir que es real, a sentirnos emocionados. Además, como hemos incluido un calendario, podemos darnos cuenta de si estamos en el camino de hacerlo realidad o si, simplemente, nos estamos engañando. Supongamos que a mitad de 2002 no hemos empezado todavía a ahorrar dinero para realizar los pagos de nuestra casa de vacaciones o que no hemos averiguado qué tipo de propiedades están disponibles en el área que nos gusta; estos serían indicativos de que necesitamos replantearnos nuestra seriedad.

Como pueden imaginarse, su objetivo no tiene que ser comprar una casa soñada en el lago Tahoe. Tener pagados los recibos de la tarjeta de crédito durante los próximos doce meses también sería un objetivo específico y medible. Lo mismo que ir de vacaciones a Hawaii en los próximos dos años, o lavar la casa de arriba abajo en los próximos tres meses.

Ya se lo he comentado con anterioridad y se lo vuelvo a repetir: la mejor manera de concretar sus objetivos es poniéndolos por escrito. Se sorprenderían de lo a menudo que lo que parece una idea extraordinaria en su cabeza se convierte en unas nociones vagas —hasta el punto de llegar a ser casi insignificantes— cuando intentan anotarlas en un papel.

Esta acción será más que una ayuda a la hora de concretar los objetivos. También conseguirá que les parezcan más reales. Cuanto más reales sean sus objetivos, más emocionados estarán los dos; y cuanto más emocionados estén, más probable es que lleguen hasta el final.

Cuando ponen sus objetivos por escrito, les dan más importancia. Cuando escriben objetivos importantes, hacen que su vida sea decidida.

NORMA Nº4
Empezar a realizar acciones para alcanzar sus objetivos en las próximas 48 horas.

Aprendí el poder que tenían las acciones en un seminario que se llamaba «Date with Destinity» (una cita con el destino), dirigido por Anthony Robbins.

—No es suficiente anotar los objetivos —nos explicó—, es necesario ponerlos en práctica.

Su lema era que nunca se debía dejar «reposar» un objetivo sin realizar alguna acción para llevarlo a cabo en las siguientes 48 horas. La idea, nos explicaba, era que si no se da un paso inmediatamente hacia ese objetivo, aunque sea uno pequeño, es muy probable que nunca se dé ninguno.

Ninguna premisa de las que he aprendido sobre la necesidad de establecer objetivos había influenciado tanto en mí —y en los resultados que he obtenido— como ésta. Lo que he aprendido de Tony Robbins en los últimos diez años es que una causa puesta en marcha se transforma en una vida puesta en acción. Por este motivo, el formulario del Plan Financiero Centrado en los Objetivos incluye un apartado en que hay que escribir la «acción que se realizará en las siguientes 48 horas». Puede ser que esto no signifique nada, pero tiene que significar algo.

Volvamos, por un momento, al ejemplo de la compra de una casa en el lago Tahoe. Aunque yo crea que no podré comprar la casa hasta dentro de cinco años, existen algunos pasos que puedo empezar a realizar para conseguir mi objetivo. Puedo conectarme a Internet y empezar a leer información sobre el lago Tahoe. Puedo contactar con algún agente de la zona y pedirle que me envíe información de casas que se adecuen a mis criterios. Puedo subscribirme al periódico de Tahoe para comprobar el estado actual de los anuncios. Puedo planear alquilar una casa en Tahoe unas cuantas semanas para que Michelle y yo podamos ver lo que disfrutaríamos pasando allí unos días.

La clave es que puedo «hacer algo», y puedo empezar en las próximas 48 horas. Realizando estas pequeñas acciones inmediatas, mi objetivo se hace más real para mí e, incluso, más emocionante. Esta emoción es lo que al final les proporcionará la energía que los dos necesitarán para ver cómo su objetivo se hace realidad.

NORMA Nº5
Pedir ayuda.

Existe un gran mito con el que me gustaría acabar: el mito de las personas que se han hecho a sí mismas. La gente utiliza este tópico cuando quiere referirse al éxito o a la riqueza que han conseguido, y para ser justos, suelen hacerlo para diferenciarse de la gente que ha heredado una riqueza o una posición. Esto está bien, pero lo cierto es que no existen las personas hechas por sí mismas. Nadie llega a alcanzar un objetivo muy importante sin algún tipo de ayuda de otra persona. Independientemente de cuál sea su situación, los seres humanos necesitan que otros les ayuden a avanzar.

Por eso, cuando se trata de la realización de sus objetivos, tienen que detenerse y reflexionar unos segundos. ¿De quién podrían necesitar la ayuda para obtener sus cinco objetivos más importantes? No pretendan hacerlo todo solos. Existen diferentes recursos magníficos que están disponibles y que esperan ayudarlo a hacer realidad sus objetivos. Probablemente, algunos se encuentran en su propia casa. Si tienen hijos, quizás ellos puedan ayudarlos. ¿Y han pensado en los amigos que pueden ofrecerles alguna colaboración? Deben buscar entre la gente que conocen para empezar a decidir la gente a la que pueden necesitar.

Así como no hay nada tan importante como compartir sus sueños y objetivos con la gente que quieren y en la que confían, tampoco no les tiene que molestar compartirlos con algunos extraños. Nunca se sabe si la persona que tienen al lado en una cena o en una clase puede estar en una posición perfecta para ayudarles a hacer realidad sus sueños. Si se reservan sus objetivos para ustedes, podrían perder una gran oportunidad.

Una vez tuve como alumna de uno de mis seminarios a una mujer que trabajaba como auxiliar administrativa para una empresa de educación para adultos, pero cuyo sueño era ser una artista de animación. Siguiendo las normas que les estoy explicando, concretó su objetivo, se puso una meta, lo escribió en un papel y empezó a contarle a todo el mundo lo que quería ser. Por suerte, alguien a quien conoció en una fiesta le dijo que había una oferta de trabajo, y cuatro semanas después, la habían contratado como directora creativa de una empresa emergente que diseñaba tarjetas de felicitación on-line. Les aseguro que no fue una casualidad. Se trata tan sólo de compartir sus sueños y no tener miedo de luchar por ellos.

Más adelante, en este libro, les contaré cómo cubrir cosas como las cuentas de jubilación, testamentos, seguros, planes de inversión sistemáticos, cómo aumentar su renta en tan sólo nueve semanas, etc. Muchas de estas acciones necesitarán que pidan ayuda. Pero no se preocupen, no hay nada malo en pedir ayuda. Por esta razón, asegúrense de incluir en su formulario una lista de gente a quienes deberían pedir ayuda para poder llevar a cabo sus cinco objetivos más importantes.

NORMA Nº6
Hacerse una idea aproximada de cuánto dinero les costará materializar sus objetivos.

A medida que definan sus cinco objetivos, descubrirán que algunos no están vinculados con el dinero mientras que otros sí que lo están. En el caso de algunos objetivos no necesitarán demasiado tiempo para ahorrar, en cambio, en el caso de otros puede ser que necesiten mucho tiempo e inversiones para lograrlos. Además de que es importante saber de qué tipo son sus objetivos, una parte de la creación del Plan Financiero Centrado en los Objetivos implica el cálculo de cuánto dinero creen que necesitarán al final para pagar estos cinco objetivos.

Por esta razón, deberán preguntarse: ¿Cuánto nos va a costar este objetivo? ¿Cuánto dinero tenemos que empezar a ahorrar cada semana o cada mes para poder llegar hasta el final?

Si un objetivo va a costar dinero y no empiezan a planificarse y ahorrar para este gasto, no van a poder realizarlo. En el séptimo paso, les explicaré qué tipo de inversiones deberían utilizar para pagar sus sueños y objetivos. Por ahora, pueden conformarse con anotar en el apartado adecuado del formulario un cálculo aproximado de cuánto dinero van a necesitar. (Si en este instante no se les ocurre un número, no se preocupen; pueden completar este apartado en otro momento.)

La importancia de este apartado reside en que puede ser que se den cuenta que alguno de sus objetivos más importantes casi no requiere dinero. Lo que significa que pueden empezar a realizarlo en este mismo instante. En cambio, puede ser que descubran que alguno de sus cinco objetivos más importantes es tan caro que no es realista escribirlo en el papel. No quiere decir que se olviden de él, sino que de alguna forma deberían replanteárselo. Algunos objetivos que pueden parecer imposibles a primera vista por su precio, después de una inspección minuciosa pueden resultar tener soluciones más baratas. Por ejemplo, pueden pensar que comprar una casa en la playa es un objetivo tan caro que no podrán realizarlo a no ser que les toque la lotería. Pero alquilar una durante unas semanas cada año puede ser una opción más realista y, de hecho, puede ser una mejor forma de empezar a avanzar hacia su objetivo último.

Lo importante es que necesitan tener un conocimiento de lo que les va a costar conseguir estos diferentes objetivos. Esto les permitirá dos cosas: 1) darse cuenta de lo realistas (o no realistas) que sus objetivos pueden ser y 2) introducirse en un plan de ahorro y de inversión sistemáticos para acumular el dinero que necesitarán para realizarlos.

Ya les he repetido la importancia de que se aseguren que sus objetivos reflejan lo que los dos, usted y su pareja, quieren. ¿Recuerdan el objetivo que les he mencionado de conseguir una vivienda para las vacaciones en Tahoe? Es algo que, personalmente, he deseado desde que pasé un verano en aquella zona cuando tenía dieciocho años. Pero ahora que estoy casado, establecer los objetivos ya no sólo es cosa mía… es cosa de los dos. Y que yo desee fervientemente una cosa no significa que también la quiera Michelle (y viceversa).

Michelle y yo todavía no tenemos hijos y durante mucho tiempo hemos estado hablando de realizar un gran viaje antes de ser padres. ¿Pero saben qué? Como muchas parejas, hemos hablado de ello pero no lo hemos hecho. En los últimos dos años, hemos estado trabajando tanto que sólo hemos podido tener dos semanas de vacaciones. Recientemente, cuando Michelle y yo conversamos sobre nuestros cinco objetivos más importantes, ella me hizo notar que ya no éramos tan jóvenes y que si queríamos viajar, debíamos hacerlo cuanto antes.

Bajo esta perspectiva, mi objetivo de comprar una casa en Tahoe en los próximos tres años no tiene mucho sentido. Y, además, después de discutirlo largamente, Michelle y yo concluimos que mi sueño de poseer una segunda residencia debería esperar. Por el momento, necesitábamos centrarnos en nuestro objetivo y sueño de viajar.

Nunca deja de parecerme increíble cómo muchas parejas no piensan en sus objetivos conjuntamente ni comparten sus sueños. ¿Qué significado tiene estar con una persona si no compartimos con ella nuestros sueños y pensamientos más íntimos? Algunas personas, sin duda, tienen unas parejas que no les apoyan, parejas cuyos sueños y objetivos son tan diferentes que no pueden pensarlos juntos. Si este es su caso, tienen un problema –un problema que este libro no puede resolver. Afortunadamente, la mayoría de personas que me cuentan que sus esposos/as o compañeros/as no les apoyan no se encuentran realmente en esta situación.

No se guarden sus cinco objetivos más importantes para ustedes. Compártanlos con sus parejas. Si tienen hijos, compartan también sus sueños con ellos. Les pueden preguntar qué les gustaría que la familia hiciera en los tres años siguientes. Pueden preguntarles cuáles son sus valores y crear, conjuntamente, una lista familiar con las cinco cosas que todos quieren llevar a cabo juntos. No hay nada que haga que una familia se sienta más unida que planear los objetivos principales conjuntamente. Hablando de nuestros objetivos, valores y sueños los dos juntos, Michelle y yo iniciamos el proceso de crear nuestro futuro conjuntamente. Pueden hacer lo mismo con su familia.

Pero dejémonos de hablar de normas, ha llegado el momento de ponerse a trabajar y de pensar en los objetivos.

Vamos a empezar

Utilicen el siguiente formulario del Plan de Financiación Centrado en los Objetivos para pensar en las cinco cosas que querrían lograr en los próximos doce meses. Recuerden que tienen que concretar los objetivos y hacerlos medibles, acciones como pagar la deuda de su tarjeta de crédito o ahorrar para los pagos de la casa. Al final del libro, encontrarán dos formularios adicionales: uno para su pareja y el otro para que lo completen los dos juntos como pareja.

Mientras están pensando en cuáles son estas cinco cosas que querrán realizar en los próximos doce meses, su pareja debería estar haciendo lo mismo. Cuando hayan acabado, siéntense juntos y utilicen el formulario para pensar cuáles son sus objetivos como pareja.

Para ayudarles a situarse en el buen camino para definir sus objetivos, les propongo esta pregunta a la que denomino Pregunta Clarificadora. Es exactamente lo que les pregunto a mis estudiantes en mis seminarios cuando deben comenzar su plan de acción:

«¿Dentro de doce meses, qué cinco acciones específicas
necesitarían haber realizado para sentir que
han experimentado un gran progreso en su vida?»

PLAN FINANCIERO CENTRADO EN LOS OBJETIVOS^{MR}
DISEÑAR UN AÑO ACTIVO

PASOS:

- En esta página, deben hacer una lista con sus cinco valores más importantes. Deben sacarlos del ejercicio del Círculo de Valores.^{MR} Después de que hayan hecho la lista, escriban cinco objetivos personales y financieros que se basen en estos valores.

- En la siguiente página, concreten más lo objetivos:

- Hagan una lista con sus cinco valores más importantes.

- Hagan una lista con sus cinco objetivos personales más importantes basados en estos valores.

- Hagan una lista con sus cinco objetivos financieros más importantes basados en estos valores.

- Hagan una lista de la acción que realizarán en las próximas 48 horas para avanzar hacia el objetivo.

- Escriban a quién van a pedirle ayuda.

- Pongan una fecha de inicio y una de final.

1. Cinco valores más importantes	2. Cinco objetivos personales más importantes	3. Cinco objetivos financieros más importantes
1.	1.	1.
2.	2.	2.
3.	3.	3.
4.	4.	4.
5.	5.	5.

Felicidades

Antes de pasar al siguiente paso, me gustaría felicitarles por haber leído hasta este punto y por seguir el orden establecido –o eso espero. Muy a menudo, cuando la gente se compra libros sobre inversión, quieren encontrar directamente «hechos»: cómo deben invertir, qué fondos deberían comprar, saber si lo han hecho bien con su seguro, etc.

Todas estas cosas son importantes, pero este libro va más allá de las inversiones. Trata de la planificación de la vida. Espero que estos últimos pasos les hayan hecho reflexionar de verdad sobre su vida. Pero ahora pasaremos a centrarnos en cosas más específicas, es decir, ¿cómo van a ganar más dinero e invertirlo de una forma inteligente para poder hacerse ricos?

Paso 4

El factor «del café con leche» de las parejas

¡El problema no son los ingresos... sino los gastos!

Si sólo se van a acordar de una cosa de este libro, debería ser de esta frase: el problema no son los ingresos... sino los gastos. En realidad, casi todos los habitantes de Norteamérica ganan suficiente dinero como para ser ricos. Entonces, ¿por qué no son todos ricos? El problema no son los ingresos; son los gastos.

¿Qué hace la mayoría de norteamericanos con el dinero que tanto le cuesta ganar? La respuesta es que gastan mucho dinero. Es decir, cada día gastan mucho dinero en «pequeñas cosas». Lo he escrito entre comillas porque, como veremos, se puede interpretar mal. Estas «pequeñas cosas» pueden sumarse muy rápido y formar unas cantidades increíblemente grandes.

En este cuarto paso del camino para convertirse en una pareja inteligente que acaba haciéndose rica, van a aprender cómo cualquier persona puede hacerse rica a partir de casi cualquier tipo de ingresos. Durante el proceso, también van a aprender a apreciar el poder del dinero y la importancia de la riqueza, para la que ustedes trabajan tanto.

La mayoría de gente no piensa en cómo gasta el dinero, o si lo hace, sólo se fija en los grandes gastos. Al mismo tiempo, ignora las cantidades pequeñas pero constantes que volatilizan su dinero. No piensa en lo que cuesta ganarlo y no se da cuenta de la riqueza que podría tener si, en vez de gastarla, la invirtiera. Si comprenden lo que denomino el factor «del café con leche» de las parejas, podrán cambiar esta situación.

Lo importante es que del mismo modo que ustedes trabajan duro para ganar un dinero, el dinero debería trabajar para ustedes.

Los norteamericanos tienen un problema de gasto

Estoy convencido de que tienen un problema con los gastos. Pero si ustedes no lo tienen créanme, probablemente lo tendrán sus amigos o vecinos. Lo ratifica el hecho de que la deuda de los consumidores norteamericanos se sitúa en unos índices muy elevados, actualmente asciende a más de 1,3 billones de dólares. Cada año más de un millón de personas se declara en bancarrota en EE.UU. Es casi una cuestión patriótica gastarse el dinero hasta los límites de la pobreza.

No es difícil imaginarse por qué tanta gente se ha arruinado. Hoy en día, se puede comprar casi todo sin tener que pagarlo o, al menos, sin tener que pagarlo hasta un tiempo después. Se puede ir a una tienda de muebles y decorarse la casa entera sin recibir la factura hasta pasados dieciocho meses. O puede ser que quieran comprarse un coche nuevo o un barco, o ambas cosas. No tendrán ningún problema: pueden ir a un concesionario, sonreír y salir con un BMW flamante o un Mercedes y pagar pequeñas cantidades mensuales.

Incluso pueden llegar a comprarse una casa sin tener dinero. Existen algunos bancos que les permitirán comprar una casa sin dinero y luego le prestarán un dinero extra para que puedan pagar con sus tarjetas de crédito. (Son conocidos como préstamos para vivienda, y no los necesitan.)

Ante todas estas oportunidades –tentaciones– por todos lados, ¿quién no acaba cediendo? Estamos trabajando duro. El mundo es un lugar difícil. Todos nos merecemos cosas bonitas, pero no sólo eso, nos las merecemos en este preciso instante. Olvídense de los ahorros; queremos resultados instantáneos. Y ya que estamos, asegúrense de pagarlo todo con su tarjeta de crédito porque así les darán unos puntos extra. A lo mejor podrían gastar un poco más de dinero y obtener más cosas.

Si en este momento están pensando que les estoy contando tonterías, están en lo cierto: es una tontería. Pero, ¿no es un discurso familiar? ¿Conocen a gente así? ¿Personas íntimas?

Pero tienen razón: no todo el mundo hace las cosas tan mal. No todo el mundo compra un BMW nuevo cada dos años. Probablemente, no es su caso, ¿pero esto significa que deberían sentirse presionados? No necesariamente.

Muy a menudo, preocuparnos por las grandes cosas nos hace sentir como si pudiéramos permitirnos olvidar las pequeñas. No nos gusta admitirlo, pero es cierto. Existe una tendencia a decir: «No me considero un despilfarrador de dinero, pero creo que, como mínimo, debería poderme tomar un buen café y un donut cada mañana. Al menos, esta noche tendría que alquilar una película de vídeo y pedir una pizza. Tampoco pasa nada si me gasto cinco dólares para esto y cinco para aquello.»

Puede ser que sí que ocurra algo. Cinco dólares pueden convertirse en un millón de dólares si los invierte bien.

¿Verdad que es impresionante? Pues no estoy exagerando. Es cierto. Existe una forma sencilla y segura de convertir estos pequeños ahorros de cinco dólares en grandes resultados. Es muy fácil, en realidad, se lo puedo resumir en tan sólo seis palabras, seis palabras vitales en el vocabulario de las parejas inteligentes: el factor del café con leche.

El factor del café con leche de las parejas[MR]

¿En qué consiste el factor café con leche? Se trata de un concepto sencillo que fue tomando forma a partir de un seminario que impartí en el que una pareja me sugirió que ellos, simplemente, no podían ahorrar cinco o diez dólares al día para la jubilación. Lo que aprendimos en el curso de esa conversación fue que esa pareja disponía de suficientes ingresos para hacerse ricos. Como he contado al principio de este capítulo, su problema no eran sus ingresos sino sus gastos. La mejor forma de explicarles este concepto sencillo, pero eficaz, es compartir con ustedes su historia.

Jim y Susie aprendieron el factor del café con leche de las parejas

En uno de mis seminarios sobre gestión financiera, un chico llamado Jim se levantó al final de la tercera noche de un curso de tres días y en pocas palabras casi destruyó nueve horas de mi enseñanza.

Jim tenía unos treinta y cinco años. Había asistido a clase con su mujer, Susie.

—David —me confesó— su clase ha estado muy bien y sus historias son muy interesantes y su idea sobre guardar un dinero para el plan de jubilación es razonable. Pero en el mundo real, esto no funciona. Dice que ahorrar cinco o diez dólares al día no es muy difícil. Pero en el mundo real, no tenemos diez dólares extra al día para ahorrarlos. En el mundo real, vivimos nómina a nómina. En el mundo real, estamos arruinados.

Completamente desanimado, lo miré con incredulidad. Mi cerebro de asesor financiero pensaba: «Debe estar bromeando. Todo el mundo puede arreglárselas para ahorrar diez dólares al día.»

Pero entonces, me giré para mirar al resto del aula y noté que muchas personas estaban asintiendo de acuerdo con lo que Jim acababa de decir. Ellos también creían que no podían ahorrar diez dólares extra al día de ninguna manera.

¿Sería yo el que estaba equivocado? ¿No era realista pensar que la gente podía conseguir diez dólares extra al día para guardar en un plan de jubilación? Sólo había una forma de descubrirlo. Me giré hacia Jim y le pedí que me contara uno de sus días habituales y que me contara cómo gastaba el dinero.

—Empecemos por la mañana —le sugerí—. ¿Antes de ir a trabajar, toma un café?

Jim miró a su alrededor nervioso, como si le hubiera hecho una pregunta con trampa.

—Pues sí —admitió al final.

—Perfecto —le respondí—. ¿Dónde lo toma? ¿En casa o en el trabajo que es gratis?

Jim se incorporó en la silla y miró a su mujer, Susie, que estaba sentada a su lado.

—Nos tomamos el café de camino al trabajo —me respondió.

—¿Desayunan un café juntos de camino al trabajo? Muy bien. ¿Van a algún sitio moderno a tomar el café?

Antes de que Jim pudiera responder, su mujer contestó.

—Por supuesto que no —exclamó—. ¡Vamos a X!

El aula se puso a reír.

—Muy bien. No van a ningún sitio caro. Sólo van a X. ¿Y qué desayunan?

Tomaban café con leche desnatado grande.

—Muy bien —proseguí—. ¿Y cuánto les cuestan estos cafés con leche desnatados en esta cafetería que no es cara cada mañana?

Jim miró a Susie. A su entender, había llegado el turno de que ella respondiera.

Ella me explicó que los cafés les costaban unos seis dólares.

—¿Y comen algo para acompañar? —le pregunté.

—Normalmente tomamos un bocadillo pequeño o una magdalena —contestó ella.

—¿Y cuánto cuestan?

—Las pastas suelen costar 1,75 dólares cada una. Así que supongo que unos 3,5 dólares.

—¿Tres dólares y medio por las pastas? —le pregunté.

—Bueno, son pastas sin calorías —se excusó Susie.

—Oh, eso lo explica todo.

—¿Compran también el periódico?

Susie asintió.

—Perfecto —dije—, vamos a sumar todos los gastos. Seis dólares por los dos cafés, tres dólares y medio por unas pastas bajas en calorías y pongamos unos 50 céntimos por el periódico. En total suman diez dólares entre los dos, y todavía no han ido a trabajar. Muy interesante.

Durante los minutos siguientes repasamos el resto del día de Jim y Susie. A medida que enumeraban los gastos, yo los escribía en la pizarra. A continuación, les muestro el aspecto que tenían sus gastos diarios.

Jim

Café con leche doble desnatado: 3,5 dólares.

Pasta sin calorías: 1,75 dólares.

Periódico: 0,50 dólares.

Una chocolatina y una Coca-cola antes del mediodía: 2 dólares.

Comida (normalmente un bocadillo, patatas fritas y una Coca-cola): 8 dólares.

Aparcamiento: 10 dólares cada día.

Alquiler de dos cintas de vídeo para los niños: 7,5 dólares.

Susie

Café con leche doble desnatado: 3,5 dólares.

Pasta sin calorías: 1,75 dólares.

Un zumo y una barrita con proteínas antes de mediodía con sus amigos: 6,25 dólares.

Comida (normalmente una ensalada y un té helado): 9,50 dólares.

Un café con leche doble sobre las 15h: 3,50 dólares.

Cena de un restaurante de comida rápida para ella, Jim y los niños: 25,00 dólares.

Multa por no devolver las películas de la noche anterior a tiempo (Jim colocó este gastó en la columna de Susie): 3 dólares.

Cuando sumé todos los gastos, el total ascendía a 85,75 dólares. Teniendo en cuenta los impuestos, Jim y Susie estaban gastando más de 90 dólares al día, aproximadamente 100 euros, y todo era en lo que ellos denominaban «pequeños gastos».

En ese momento, el resto del aula los miraba como si fueran los peores gastadores que pudieran imaginarse. Pero en el aula había, como mínimo, seis personas con tazas de café en las manos. Sorbían el café y reían al mismo tiempo.

Pero no se trata de que dejen de tomar café ni que dejen de ir a sitios modernos como X. Yo también suelo ir a esa cafetería. La cuestión es que nos encontramos frente a una pareja típica que piensa que no puede ahorrar dinero, pero que resulta que gasta más de 90 dólares en extravagancias.

Evidentemente, cuando se lo sugerí a Jim y Susie, su primera reacción fue enfadarse.

—Qué quiere decir con extravagancias? —me preguntó Jim—. ¿Desde cuando es una extravagancia tomar café y comer?

—Tranquilícese —le contesté—. Nadie insinúa que tengan que morirse de hambre. ¿Pero por qué no se toman el café en casa y se comen una manzana en vez de comprar una pasta? En vez de gastarse 10 dólares al día en X, mi propuesta sólo les costaría 50 céntimos al día. También podrían llevase la comida de casa un par de veces por semana. ¿Y por qué no evitan alquilar películas de vídeo? Quiero decir, podrían leerles un libro a sus hijos. Y si alquilan una película, como mínimo, podrían asegurase que la devuelven a tiempo.

En ese momento, Jim me miraba como si no supiera cómo reaccionar: pegarme un puñetazo o darme las gracias.

–No pretendo criticar su forma de vida. Lo que quiero es que los dos se tomen en serio la gestión del dinero, sé que podrían encontrar la manera de ahorrar 10 dólares al día cada uno en vez de gastarlos –les comenté.

Acabaron de convencerse cuando les expliqué qué valor tendrían esos 10 dólares cada día. Las matemáticas son muy interesantes. Ahorrando sólo 10 dólares al día (excluyendo los fines de semana) se pueden conseguir 200 dólares al mes o 2.400 al año. Si Jim y Susie (con unos treinta y cinco años) invirtieran esta cifra en una cuenta de jubilación antes de impuestos que reportara unos beneficios anuales del 12%, cuando llegaran a los sesenta y cinco años, tendrían más de 2,3 millones de dólares.

Cuando terminé de escribir estas cifras en la pizarra, Jim y Susie me miraron y después se intercambiaron una mirada. Al final Susie dijo:

–David, ¿nos está diciendo que nuestros cafés con leche podrían acabar costándonos 2,3 millones de dólares?

El aula entera se puso a reír, pero Susie había entendido la idea perfectamente.

La sociedad está diseñada actualmente para ayudarles a gastar sin control

Existe una razón por la que muchos de nosotros desperdiciamos y gastamos sin razón. Es muy sencilla. Es imposible avanzar dos bloques de pisos en cualquier ciudad o pueblo sin cruzarse con un restaurante de comida rápida o un bar de zumos o un lugar moderno en el que se puede tomar un café caro. Si se detienen en alguno de estos lugares habitualmente, pueden terminar gastándose mucho dinero cada día con facilidad. Si se toman dos coca-colas al día, también. Y ni siquiera he mencionado cosas como los cigarrillos o detenerse en un bar para tomar una copa después del trabajo, que les costaría unos cuantos billetes adicionales al día.

No hay solución. Es muy fácil gastarse el dinero y, sobretodo, es fácil gastarlo en pequeñas cosas. En esto consiste el factor del café con leche. Sencillamente es una metáfora de las pequeñas cantidades de dinero que gastamos en pequeñas cosas. El problema es que estas pequeñas cosas se suman y que antes de que puedan darse cuenta, les habrán costado millones de dólares.

El reto financiero de siete días de las parejas inteligentes^{MR}

Teniendo presente toda la información anterior, me gustaría que probaran de realizar un ejercicio. Quiero que empiecen mañana mismo a anotar en una pequeña libreta sus gastos de los próximos siete días. No es complicado. Tienen que anotar cualquier gasto que tengan, no importa si es pequeño o grande.

Para que este ejercicio sea útil, deben prometerme a mí –y a ustedes mismos– dos cosas.

1) Anotarán todas las cosas en las que hayan gastado dinero durante una semana.

2) No cambiarán de repente sus hábitos a la hora de gastar el dinero porque tengan miedo de enfrentarse al posible resultado. Tan sólo tienen que comportarse como las magníficas personas que son y gastar el dinero que gastarían habitualmente.

¿Por qué les propongo siete días? Porque son un tiempo suficiente para obtener una idea clara de cómo gastan realmente el dinero, pero no es demasiado largo para que se cansen de apuntar los gastos en una lista. Seguro que no lo harían durante treinta días.

Al final de la semana, deberían sentarse con su pareja y repasar la lista, tratando de encontrar cosas sencillas que podrían eliminar de los gastos habituales. Por cierto, cuando se sienten con su pareja empiecen compartiendo con ella lo que reducirían de sus propios gastos en vez de sugerirle los que debería eliminar su pareja. Recuerden que obtendrán mejores resultados con miel que con vinagre.

Es la idea más estúpida que he oído nunca...

El reto financiero de siete días es otra de las acciones que pueden pasar por alto con facilidad por su simplicidad. Pero no se engañen; al menos, consideren la historia siguiente antes de decidirse.

No hace mucho tiempo, me encontraba en Nueva York, en un programa de una radio importante, con millones de oyentes, y me estaban haciendo una entrevista. A media entrevista, el anfitrión procedió a decirme que mi reto financiero de siete días era la idea más estúpida que había oído nunca.

–David –me dijo con incredulidad–, ¿nos está diciendo a los oyentes y a mí que si registramos nuestros gastos durante siete días, vamos a ser capaces de cambiar financieramente nuestras vidas? Esta idea me parece muy absurda.

–¿De verdad? –le pregunté–. ¿Por qué no intenta hacerlo? Si pasados los siete días sigue creyendo que es una tontería, le pagaré cien dólares.

Me llamó por teléfono una semana más tarde. Lamentablemente, esta conversación no se emitió por radio.

–Me siento muy incómodo –me confesó–, pero tenía que llamarle. Tenía razón. Anoté mis gastos durante siete días y, como usted predijo, me quedé asombrado por lo que descubrí.

–¿De qué se trataba? –le pregunté.

–Bueno –prosiguió– esta última semana me he gastado casi 500 dólares comiendo fuera de casa. (Para aquellos que se estén preguntando cómo alguien puede gastarse 500 dólares comiendo fuera de casa en tan sólo una semana, les confesaré que en Manhattan, que es dónde vive el entrevistador de la radio, es muy fácil.)

Continuó explicándome que había estado haciendo cálculos y que se había dado cuenta de que 500 dólares a la semana sumaban un total de 2.000 dólares al mes. En otras palabras, se estaba gastando 24.000 dólares al año comiendo fuera de casa. Y, además, no estaba participando en el plan de jubilación que la emisora de radio le había ofrecido, por lo que no sacaba ningún provecho del programa de compra de acciones de su empresa. ¿Por qué? Porque aunque cobraba un sueldo de seis cifras, siempre iba escaso de dinero.

Después de poner en práctica mi reto financiero de siete días, el entrevistador de la radio pasó de cenar seis noches fuera de casa por semana a tres y firmó un plan de jubilación.

La moraleja de esta historia debería ser evidente. No deben juzgar esta idea sencilla demasiado rápido. Inténtenlo. Dediquen una semana a anotar sus gastos. Luego sean del todo sinceros con ustedes mismos. ¿Cuánto dinero están gastando cada día? ¿Y cada semana? ¿Y cada mes? ¿Cuánto están gastando si lo combinan con los gastos de su pareja? En otras palabras, ¿cuál es el factor del café con leche de su pareja?

Dediquen cinco minutos a pensar en ello. La razón de que este concepto tan sencillo sea tan importante es que si ustedes mismos empiezan a creer que pueden encontrar 10 dólares adicionales cada día para invertirlos en una cuenta de jubilación (que es lo que explicaremos en el siguiente capítulo), pueden empezar a sacar provecho del concepto denominado «el milagro del interés compuesto».

¿Cuál es el milagro del interés compuesto?

A Albert Einstein, quien sabiamente es considerado uno de las mejores mentes de todos los tiempos, una vez le pidieron que nombrara los fenómenos más increíbles con los que él se había encontrado. Su respuesta fue que se trataba del poder del interés compuesto. Es realmente «milagroso» cuando lo observas, explicó, y mucho más cuando lo pones en funcionamiento.

Einstein no bromeaba. El milagro del interés compuesto es increíblemente sencillo aunque te cambie la vida. Se trata de lo siguiente:

Con el tiempo el dinero se multiplica a interés compuesto.

Con el paso de mucho tiempo,
el dinero se multiplica a interés compuesto de forma extraordinaria.

No es necesario que me crean. En las siguientes páginas encontrarán unas tablas que ilustran este concepto. Fíjense con detenimiento y piensen en el factor del café con leche de las parejas. Ahora que han encontrado una manera de ahorrar 5 ó 10 dólares (o más) al día, vamos a centrarnos en cómo estas «pequeñas» cantidades pueden transformar su futuro financiero. No se preocupen de las inversiones concretas que deberían realizar (ya nos centraremos en ellas más adelante), simplemente fíjense en lo que puede lograr el ahorro sistemático de dinero cada mes.

PARA HACERSE RICO... PÁGUESE A USTED PRIMERO Y HÁGALO CADA MES

Inversiones mensuales	Edad	Cantidad total de las inversiones a los 65 años	Tipo de rendimiento al 4%	Tipo de rendimiento al 7%	Tipo de rendimiento al 9%	Tipo de rendimiento al 12%
$ 100	25	48.000	118.590	264.012	471.643	1.188.242
	30	42.000	91.678	181.156	296.385	649.527
	40	30.000	51.584	81.480	112.953	189.764
	50	18.000	24.691	31.881	38.124	50.458
$ 150	25	72.000	177.294	393.722	702.198	1.764.716
	30	63.000	137.060	270.158	441.268	964.644
	40	45.000	77.119	121.511	168.168	281.827
	50	27.000	36.914	47.544	56.761	74.937
$ 200	25	96.000	237.180	528.025	943.286	2.376.484
	30	84.000	183.355	362.312	592.770	1.299.054
	40	60.000	103.169	162.959	225.906	379.527
	50	36.000	49.382	63.762	76.249	100.915

Ahora, piénselo de otra forma. ¿Qué pasaría si ingresaran sistemáticamente este dinero en una cuenta de jubilación? Fíjense en la tabla siguiente. Recuerden que para que funcione sólo tienen que ahorrar 5,50 dólares al día. No es tanto; pueden hacerlo.

EL VALOR TEMPORAL DEL DINERO
Invertir hoy mejor que mañana

Billy Empezó a invertir a los 14 años (Beneficios a un tipo del 10%)			Susan Empezó a invertir a los 19 años (Beneficios a un tipo del 10 %)			Kim Empezó a invertir a los 27 años (Beneficios a un tipo del 10 %)		
Edad	Inversión	Valor total	Edad	Inversión	Valor total	Edad	Inversión	Valor total
14	$ 2.000	$ 2.200	19	$ 2.000	2.200	19	0	0
15	2.000	4.620	20	2.000	4.620	20	0	0
16	2.000	7.282	21	2.000	7.282	21	0	0
17	2.000	10.210	22	2.000	10.210	22	0	0
18	2.000	13.431	23	2.000	13.431	23	0	0
19	-0-	14.774	24	2.000	16.974	24	0	0
20	-0-	16.252	25	2.000	20.871	25	0	0
21	-0-	17.877	26	2.000	25.158	26	0	0
22	-0-	19.665	27	0	27.674	27	$ 2.000	2.200
23	-0-	21.631	28	0	30.442	28	2.000	4.620
24	-0-	23.794	29	0	33.486	29	2.000	7.282
25	-0-	26.174	30	0	36.834	30	2.000	10.210
26	-0-	28.791	31	0	40.518	31	2.000	13.431
27	-0-	31.670	32	0	44.570	32	2.000	16.974
28	-0-	34.837	33	0	48.027	33	2.000	20.871
29	-0-	38.321	34	0	53.929	34	2.000	25.158
30	-0-	42.153	35	0	59.322	35	2.000	29.874
31	-0-	46.368	36	0	65.256	36	2.000	35.072
32	-0-	51.005	37	0	71.780	37	2.000	40.768
33	-0-	56.106	38	0	78.958	38	2.000	47.045
34	-0-	61.716	39	0	86.854	39	2.000	53.949
35	-0-	67.888	40	0	95.540	40	2.000	61.544
36	-0-	74.676	41	0	105.094	41	2.000	69.899
37	-0-	82.144	42	0	115.603	42	2.000	79.089
38	-0-	90.359	43	0	127.163	43	2.000	89.198
39	-0-	99.394	44	0	130.880	44	2.000	100.318
40	-0-	109.334	45	0	153.868	45	2.000	112.550
41	-0-	120.267	46	0	169.255	46	2.000	126.005
42	-0-	132.294	47	0	188.180	47	2.000	140.805
43	-0-	145.523	48	0	204.798	48	2.000	157.086
44	-0-	160.076	49	0	226.278	49	2.000	174.094

45	-0-	176.083	50	0	247.806	50	2.000	194.694
46	-0-	193.692	51	0	272.586	51	2.000	216.363
47	-0-	213.061	52	0	299.845	52	2.000	240.199
48	-0-	234.367	53	0	329.830	53	2.000	266.419
49	-0-	257.803	54	0	362.813	54	2.000	295.261
50	-0-	283.358	55	0	399.094	55	2.000	326.988
51	-0-	311.942	56	0	439.003	56	2.000	361.886
52	-0-	343.136	57	0	482.904	57	2.000	400.275
53	-0-	377.450	58	0	531.194	58	2.000	442.503
54	-0-	415.195	59	0	584.314	59	2.000	488.953
55	-0-	456.715	60	0	642.745	60	2.000	540.048
56	-0-	502.386	61	0	707.020	61	2.000	596.253
57	-0-	552.625	62	0	777.722	62	2.000	658.078
58	-0-	607.887	63	0	855.494	63	2.000	726.086
59	-0-	668.676	64	0	941.043	64	2.000	800.895
60	-0-	735.543	65	0	1.035.148	65	2.000	883.185
61	-0-	809.098						
62	-0-	890.007						
63	-0-	979.008						
64	-0-	1.076.909						
65	-0-	1.184.600						

Cantidad total
de la inversión = 10.000 dólares
Beneficios menos la
inversión = 1.174.600 dólares

Cantidad total
de la inversión = 16.000 dólares
Beneficios menos la
inversión = 1.019.148 dólares

Cantidad total
de la inversión = 78.000 dólares
Beneficios menos la
inversión = 805.185 dólares

Billy ganó 1.174.600 dólares
Susan ganó 1.019.148 dólares
Kim ganó 805.185 dólares

¡Billy invirtió 68.000 dólares menos que Kim y ganó 369.415 más!
NO TARDE EN EMPEZAR A INVERTIR

¿Todavía no se sienten motivados? ¿Cómo puede ser? Por cierto, les doy permiso para copiar estas tablas y mostrárselas a sus amigos. Me habría gustado que cuando era joven, alguien lo hubiera hecho. Empecé a trabajar con dieciséis años, pero no abrí una cuenta de jubilación hasta los veinticuatro años.

Sigan adelante: lo están haciendo muy bien

Aprovechando su motivación, vamos a pasar al siguiente capítulo (quinto paso) y a concretar un poco más. Concretamente, vamos a centrarnos en dónde colocan exactamente el dinero del factor del café con leche de su pareja. Porque no es suficiente con ahorrar dinero y gastar menos; tienen que saber dónde colocar estos nuevos ahorros. En esto consiste el quinto paso, la cesta de la jubilación, donde vamos a hablar sobre dos conceptos que hacen ricos a los norteamericanos. El primero es el de «páguese usted primero» y el segundo es dónde se guarda este dinero, concretamente nos fijaremos en las cuentas de jubilación. Si combinan el factor del café con leche de las parejas con el poder del quinto paso, se convertirán en una pareja imparable en su camino hacia la riqueza. Por tanto, sigan adelante: lo están haciendo muy bien.

Paso 5

Construyan su cesta para la jubilación

Espero que en este momento ya se hayan dado cuenta de que, en realidad, los dos pueden permitirse guardar dinero para su futuro. Ha llegado el momento de pasar del nivel de pensamiento al nivel de actuación. Como he explicado en la introducción, este libro no se centra en el pensamiento positivo, si no en las acciones positivas. Recuerden que no pueden pensar sobre la riqueza a su manera, deben actuar hacia la riqueza a su manera.

Mi abuela solía decir que nunca se debían guardar todos los ahorros en una única cesta. Tenía razón. En mi opinión, existen tres cestas en las que deberían guardar sus ahorros: la cesta para la jubilación, la cesta de la seguridad y la cesta para los sueños. El primero salvaguarda su futuro, el segundo protege a las familias de situaciones inesperadas (como emergencias médicas, la muerte de un ser querido o la pérdida de un trabajo) y el último les permite realizar aquellos deseos más anhelados que hacen que la vida valga la pena. La idea de estas tres cestas puede parecerles muy sencilla, pero no se dejen engañar. Si completan estas tres cestas adecuadamente, podrán crear una vida financiera abundante, y sobre todo, segura.

La primera cesta de la que vamos a hablar es la de la jubilación. Concretamente, en este quinto paso, su pareja y usted aprenderán lo que necesitan hacer para acumular unos ahorros para la jubilación de un millón de dólares. No es necesario que les diga que pueden sobrepasar el millón de dólares —y, de hecho, puede que deban hacerlo, dependiendo de su edad—, pero independientemente de la cantidad que necesiten como pareja, el objetivo es el mismo. A lo largo de este capítulo, aprenderán lo que deben hacer exactamente para acumular una cuenta para la jubilación importante, en otras palabras, cómo deben completar su cesta para la jubilación.

El gobierno no llenará su cesta para la jubilación; lo harán ustedes

Ya sé que lo he mencionado anteriormente, pero creo que vale la pena repetirlo. Si están pendientes de que la Seguridad Social les mantenga después de la jubilación, se están buscando problemas. Si tienen mucha suerte, la Seguridad Social les ayudará a mantenerse a flote.

Durante más de una década, los políticos han estado hablando sobre la «crisis» a la que se enfrenta la Seguridad Social y sobre la necesidad de modernizar el sistema. Bueno, no centren sus esperanzas en que esto ocurra en breve. Como mi abuela descubrió hace unos cincuenta y cinco años, si quieren ser ricos, deben olvidarse de la Administración; necesitan planificar su propio futuro financiero. En otras palabras, su pareja y usted deben convertir en una prioridad máxima la construcción de su cesta para la jubilación.

Páguense a ustedes primero

Sólo existen algunas maneras para acumular una riqueza importante en la actualidad. Pueden heredarla, ganarla, casarse con ella... o pueden pagarse a ustedes primero. Es probable que si están leyendo este libro, usted y su pareja no tengan en cuenta las tres primeras posibilidades. Por tanto, deberán construirse su propia riqueza juntos. Esto implica la necesidad de pagarse a uno mismo primero.

Ya sé que han oído hablar de este concepto con anterioridad... pero estén atentos unos segundos

«Páguense a ustedes primero» es una frase que probablemente ya han oído alguna vez. Esto puede ser un problema porque a menudo cuando escuchan algo por segunda vez su cerebro piensa: «Ya he oído hablar sobre esta idea, así que ¿cómo puede ser tan buena? Explíquenme algo nuevo.»

Pero esta vez, al menos, no permitan que su cerebro actúe así. Sólo porque hayan oído hablar de algún concepto no significa que ya lo sepan todo sobre él ni que tengan una experiencia única sobre ello. Cuando pido que levanten la mano los asistentes a mis seminarios que hayan oído hablar alguna vez sobre el concepto de «pagarse a uno mismo primero», casi todos lo hacen. Pero cuando les pregunto cuántos lo ponen en práctica, la mayoría baja la mano.

La verdad es que hay mucha gente que no conoce lo que realmente significa el concepto de «pagarse a uno mismo primero». No saben cuánto dinero deberían pagar ni tampoco lo que deberían hacer con el dinero cuando ya lo tienen.

Quizás usted o su pareja se encuentren dentro de este grupo. Si éste es su caso, déjenme que se lo explique.

Los tres principios del concepto páguense a ustedes primero

1. ¿Qué significa realmente «pagarse a uno mismo primero»?

Pagarse primero a uno mismo significa guardar un porcentaje fijo de cada dólar ganado e invertirlo para su futuro en una cuenta de jubilación antes de impuestos.

Aunque esto puede parecer bastante sencillo –e, incluso, realista–, la verdad es que la mayoría de gente acostumbra a hacer exactamente lo contrario. Ustedes piensan: nosotros cogemos los dólares que tanto nos han costado ganar y pagamos a todo el mundo primero. Pagamos la hipoteca, el préstamo del coche, la luz... Y el primero de la lista, al que le pagamos antes que a nadie, es el gobierno.

Gracias al milagro de las retenciones de nóminas y a los pagos estimados de los impuestos, cada vez que ganamos un dólar, inmediatamente corremos hacia Hacienda (hablando figurativamente, por supuesto) y decimos: «Aquí estoy, por favor quédense lo que quieran de mi sueldo.» También nos dirigimos hacia la Administración de la Seguridad Social y decimos: «Les quiero, aquí tienen lo que les corresponde de mis ganancias.» Y si vivimos en alguna comunidad, que tiene sus propios impuestos, le decimos: «No quiero dejar de vivir aquí, les doy un 8% de mi renta.»

Si suman toda su generosidad, descubrirán que han pagado casi la mitad del dinero que tanto esfuerzo les cuesta ganar al gobierno antes de haberlo visto. Creo que se comportan con toda la generosidad posible.

Yo me considero un hombre muy patriótico, pero creo que ofrecerle al gobierno casi la mitad del sueldo en forma de impuestos es una tontería. ¿Por qué? Porque no tienen que hacerlo. La verdad es que existe una forma totalmente legal para evitar –o, como mínimo, reducir significativamente– la gran cantidad de impuestos que el gobierno nos quita de nuestro sueldo. Esto es lo que nos conduce al segundo principio.

2. ¿Adónde debería ir el dinero para «pagarse a uno mismo primero»?

Las malas noticias son que al gobierno le gusta mucho quedarse nuestro dinero. Las buenas noticias son que también está interesado en animar a la gente a ahorrar. Teniendo presentes estas ideas, se ha elaborado una serie de leyes en los últimos años que permiten que la gente inteligente minimice el peso de sus impuestos –y, al mismo tiempo, cree unos ahorros para su futuro– colocando sus beneficios en lo que conocemos como planes de jubilación.

Para acabar haciéndose ricos, deberían pagarse a ustedes primero contribuyendo tanto como les sea posible en una cuenta para la jubilación antes de impuestos

Existen muchos tipos diferentes de cuentas para la jubilación antes de impuestos. En el sexto paso, les explicaré con detalle cómo funcionan estas cuentas y cómo utilizarlas. Por ahora, todo lo que necesitan saber es que estas cuentas funcionan básicamente igual: el dinero que invierten en estas cuentas no está sujeto a ningún tipo de impuestos (sobre la renta o sobre las plusvalías) hasta que lo retiran. El inconveniente es que, en la mayoría de casos, no puede retirar este dinero antes de llegar a la edad de la jubilación sin tener que pagar una multa excesiva.

El lado positivo de las cuentas o planes para la jubilación, evidentemente, es que si las utilizan, pueden guardar su dinero sin perder 40 céntimos o más de sus ingresos en impuestos.

A continuación, les explicaré cómo funcionan. Supongamos que ustedes retiran 100 dólares de su sueldo cada mes y lo invierten en una cuenta para la jubilación antes de impuestos. Estos 100 dólares no estarán sujetos a impuestos sobre la renta, ni tampoco a los de la Seguridad Social.

Con un plan de jubilación, ustedes colocan los 100 dólares en una cuenta y, dependiendo del tiempo que conserven el dinero en esta cuenta, no tendrán que pagar impuestos o las ganancias de capital o dividendos que acostumbra a ganar. En realidad, no tendrán que pagar ningún impuesto por este dinero —no importa la cantidad que aumenten sus ahorros— hasta que empiecen a retirarlo de la cuenta. (Por supuesto, en muchos casos, tienen que dejar este dinero en la cuenta hasta que cumplen la edad adecuada. Si no lo hacen, aparte de pagar los impuestos debidos, también tendrán que pagar una multa.)

¿Qué sería mejor invertir un dólar o 60 céntimos? Si su inversión crece a un tipo anual del 10%, su dólar antes de impuestos valdrá 1,10 dólares en un año. Su inversión después de impuestos de 60 céntimos, en cambio, sólo valdrá 66 céntimos. ¿Verdad que es un poco diferente? Ahora, multiplíquenlo por una cantidad de dinero real y desplácenlo veinte años. Rápidamente se darán cuenta que estamos hablando de una diferencia que puede ser de decenas de miles de dólares. Si lo desplazan treinta o cuarenta años, se encontrarán con números de seis cifras.

Año	Inversión mensual hasta los 65 años	Tasa de retorno	Base imponible	Acumulación de los impuestos diferidos	Diferencia entre los impuestos diferidos e invertidos
30	$ 100	4%	72.581	91.373	+ 18.792
		7%	115.762	180.105	+ 64.343
		9%	162.036	294.178	+ 136.142
		12%	277.603	643.096	+ 365.493

El ejemplo anterior es sólo a efectos demostrativos. En base a una inversión individual de 100 dólares al mes desde la edad de treinta años hasta los sesenta y cinco, compara el incremento económico de la inversión en la base imponible sobre los impuestos diferidos. Se toma como base un 28% de impuestos.

3. ¿Cuánto dinero deberían pagar?

Es un cálculo sencillo: si no quieren tener que luchar para poderse mantener a flote cuando se jubilen, deberían ahorrar el 10% de su renta antes de impuestos cada año. Punto.

Tienen que ahorrar el 10% de su renta. No después de impuestos o de su sueldo neto, sino de su sueldo bruto. Si su pareja y usted ganan conjuntamente 75.000 dólares al año, deberían guardar como mínimo 7.500 dólares para la jubilación. Y me refiero sólo para la jubilación. Los ahorros para comprarse una casa o un coche nuevo o para ir de vacaciones al destino de sus sueños deberían ser además de estos 7.500 dólares. El 10% de lo que se están pagando ustedes primero sólo debe servir para su jubilación.

Estoy casi seguro de que ya habían oído hablar de esto con anterioridad. Pero también estoy convencido de que no lo están poniendo en práctica. En caso contrario, son la excepción que confirma la regla. La cruda realidad es que los norteamericanos son un desastre ahorrando dinero. Y no sólo se trata de mi opinión. La media del índice de ahorro ha estado disminuyendo durante años.

Esta cifra es una de las estadísticas más alarmantes que conozco. ¿Por qué?

Si no se están pagando ustedes primero el 10% de su renta, están viviendo por encima de sus posibilidades

Puede ser que esto parezca brutal, pero es la verdad. Si actualmente usted y su pareja no están guardando el 10% de su renta antes de impuestos en un plan de jubilación, se están encaminando hacia los problemas. No quiero parecer muy pesimista o desagradable. Por ahora, espero que se hayan convencido de que realmente me preocupo por ustedes y de que aprecio la oportunidad de poder ser su «entrenador financiero». Y quiero dejar que interioricen este entrenamiento.

Conozco a mucha gente que parece encontrarse en una buena situación, que vive en casas bonitas y que conduce coches buenos, lleva la mejor ropa y es socia de los clubes a los que pertenece más gente en una buena situación que tiene y hace cosas bonitas, y ninguno de ellos está ahorrando el 10% de su renta. Como ya he explicado con anterioridad, esto es aplicable a la mayoría de gente. ¿Y saben cuál será la consecuencia? Cuando lleguen a la edad de la jubilación, no tendrán suficiente dinero para conservar el estilo de vida tan confortable que suponen que gozarán en «sus años de oro». Esto se debe a que la gente que parece muy rica, en realidad no lo es. De hecho, están reduciéndose, y si se les quita la fachada, lo que queda no es riqueza y seguridad sino estrés y deudas.

Usted y su pareja se merecen más que eso. Pero no es una cosa que simplemente ocurra; tienen que intervenir para que suceda.

Si quieren ser realmente ricos, deberían ahorrar el 15% de su renta

¿Qué quiero decir con «realmente ricos»? Cada uno tiene su propia definición, pero existe un estándar sencillo: para considerar que alguien es realmente rico, debería tener como mínimo un millón de dólares en activos líquidos, sin tener en cuenta el valor de su casa.

Evidentemente, no se trata de la riqueza de Bill Gates. Ni incluso de la riqueza del ganador de la lotería. Pero son unos ahorros muy confortables. Y es una cantidad que no todo el mundo puede acumular. No tienen que tener suerte, sólo deben tener mucha disciplina para separar el 15% de su renta.

¿Quieren obtener más dinero? Muy fácil, deben separar más dinero. Si les gustaría formar parte del 1% de los norteamericanos más ricos, necesitarán ahorrar el 20% de su renta.

Es importante recalcar que cuanto antes empiecen a ahorrar, mejores resultados obtendrán. En realidad, la mejor edad para convertirse en un gran ahorrador e inversor es a los veinte años. Lamentablemente, suele ser también la época de la vida en la que se está menos motivado para ahorrar. Cuando la mayoría acaba la universidad, encuentra el primer trabajo y empieza a formar una familia, normalmente tienen que apretarse el cinturón. Un programa de ahorro e inversión no es la prioridad máxima. Se trata de algo que ya harán cuando las cosas no sean tan difíciles.

Antes de que se den cuenta, ya han cumplido cuarenta o cincuenta años y siguen repitiéndose que es importante tener un programa de ahorro e inversión.

Pero si actualmente tienen cuarenta o cincuenta años y están empezando, no quiero asustarlos. Todavía les queda un camino muy importante. No será necesariamente sencillo, pero pueden llegar a hacerlo.

Ha llegado el momento de comprometerse a ahorrar –a pagarse a ustedes primero

Espero que usted y su pareja no terminen de leer este capítulo sin haber mantenido una conversación seria sobre la idea de pagarse a ustedes primero. Como pareja, deberían fijarse como objetivo «pagarse a ustedes primero». Deberían pensar en un porcentaje de su renta antes de impuestos que puedan permitirse, pueden mantener y aumentar un poco cada año.

Supongamos que empiezan este mismo año con el objetivo de «pagarse a ustedes primero» el 10% de su renta y acuerdan aumentar esta cantidad un 1% en los sucesivos años. En diez años, habrán ahorrado un 20% de su renta. A este nivel, no tendrán que preocuparse más de su futuro financiero, lo tendrán asegurado. Si creen que ahorrar el 10% de su renta es imposible, entonces hagan lo que hice yo cuando empecé: comencé con un 3% y me propuse como objetivo aumentar esta cifra un 3% cada seis meses. En dieciocho meses, estaba invirtiendo el 12% de mi sueldo bruto en un plan de jubilación, y había alcanzado mi objetivo. Como fue un proceso gradual, casi no noté el cambio en mi sueldo neto. La solución consiste en recordar que tienen que aumentar la cantidad que se pagan primero cada noventa o ciento ochenta días.

Construir unos ahorros con dinero gratis

Separar el 10, el 15 o, incluso, el 20% de su renta puede parecer excesivo, pero leyendo las siguientes páginas se darán cuenta de que puede ser fácil y divertido. ¿Por qué puede ser un proceso divertido? Porque cuando se pagan ustedes primero para crear una cesta para la jubilación, terminan pagando menos impuestos y su dinero aumenta con impuestos diferidos. El resultado de esto puede ser realmente sorprendente. Es como obtener dinero gratis del gobierno.

Si no entienden cómo funciona este proceso, no se preocupen porque no son los únicos. Millones de personas no lo comprenden y, por consiguiente, no aprovechan los diferentes tipos de cuentas y programas que tienen a su alcance. Tal como yo lo entiendo, ésta es una de las peores vergüenzas de la educación. A cada niño le deberían enseñar cómo planificar su dinero en la escuela o en el instituto. Si aprendiéramos todo esto de pequeños, lo aprovecharíamos mucho mejor. Por desgracia, la financiación personal no forma parte del plan de estudios y, por tanto, deben aprenderlo en este momento. Pero no se preocupen porque la verdad es que pagarse a ustedes primero para crear una cesta para la jubilación es bastante sencillo.

¿Cómo ahorrar 5.000 dólares al año sin recortarse el sueldo en la misma cantidad?

Antes de describir los diferentes tipos de cuentas para la jubilación antes de impuestos que existen, querría comentar un aspecto que posiblemente les preocupa.

Supongamos que usted y su pareja ganan conjuntamente un total de 50.000 dólares al año. Para seguir mi sugerencia de ahorrar un mínimo de un 10% de su renta antes de impuestos, empiezan a separar 5.000 dólares al año. Pero si no lo han hecho nunca, ya sé cómo van a reaccionar. Afirmarán: «Es imposible que podamos hacerlo. Vivimos nómina a nómina. De ningún modo podemos permitirnos un recorte de 5.000 dólares al año. Y no me diga que el factor del café con leche va a permitirnos ahorrar 5.000 dólares al año.»

¿En eso están pensando? Bueno, no se preocupen. Pueden ahorrar 5.000 dólares al año sin tener que recortarse esa misma cantidad.

Lo han leído correctamente. Si en este momento no están ahorrando el 10% de su renta, pueden empezarlo a hacer mañana mismo, sin disminuir su renta disponible un 10%.

¿Cómo pueden hacerlo? Es muy sencillo. Normalmente ganan 50.000 dólares al año. Suponiendo que pagan entre los dos un tipo de impuesto del 35%, lo que realmente llevan a casa son unos 32.500 dólares de renta disponible. Pero, independientemente de lo que puedan estar pensando, separar 5.000 dólares para una cuenta de jubilación antes de impuestos no reducirá su renta disponible de 32.500 dólares a 27.500 dólares. Recuerden que ustedes se están pagando primero –antes de pagar al gobierno. Es decir, tienen que restar los 5.000 dólares de ahorro en primer lugar. Lo que se reduce es su renta bruta, que disminuirá de 50.000 a 45.000 dólares.

Fíjense en los cálculos: 45.000 dólares con unos impuestos del 35% les deja una renta disponible de 29.250 dólares. En el caso anterior, disponían de una renta neta de 32.500 dólares. En este caso, tienen 29.250 dólares. La diferencia son 3.250 dólares al año. Si dividen esta cifra entre dos (al fin y al cabo son dos personas), el resultado es que tienen que recortarse 1.625 dólares al año. Si lo dividen entre doce meses, se convertirá en un recorte de 135 dólares al mes y si lo dividen entre treinta días, se transforma en 4.51 dólares al día –una cantidad que el factor del café con leche puede cubrir con facilidad.

Es evidente que la mayoría de parejas que ganan una renta conjunta de 50.000 dólares al año no están ahorrando el 10% de su renta. Si lo hicieran, habría muchos más millonarios.

Ya entiendo que las matemáticas son un poco confusas. Si lo estuviera explicando en la pizarra de uno de mis seminarios tardaría unos quince o veinte minutos en que todos lo comprendieran. Por tanto, no se preocupen si de momento no lo han entendido. Reléanse la explicación todas las veces que sea necesario hasta que la comprendan. Es fácil, son matemáticas básicas que pueden cambiar su vida para siempre.

Si, después de todo, todavía creen que actualmente no pueden ahorrar el 10% o más de su renta, hagan lo mismo que yo hice cuando empecé a pagarme a mí primero. En aquel momento tenía veinticinco años y no era plenamente consciente de la importancia de este concepto. Tampoco me creía que pudiera permitirme recortes. Por eso, en vez de separar el 10% de mi renta bruta, empecé ahorrando una cantidad que supuse que no notaría: en mi caso, fue un 3%. Al mismo tiempo, me comprometí, y lo puse por escrito, incrementar las contribuciones a mi plan de jubilación otro 3% en los siguientes seis meses.

Pensé que si aumentaba mis contribuciones un 3% cada seis meses, estaría maximizando mi plan de jubilación en los siguientes dos años. Lo que me ocurrió al final es que me di cuenta que separar el dinero no era tan difícil como había creído en un principio. Como consecuencia, en menos de un año, mis contribuciones aumentaron del 3% al 6%, y del 6% al máximo. Estaba haciendo lo que necesitaba hacer, pero como lo estaba haciendo gradualmente, casi no notaba la diferencia en mi renta disponible.

Paso 6

Construir su cesta
de seguridad

Si usted y su pareja separan un porcentaje fijo de su renta, podrán forman una cesta para la jubilación que les permitirá acabar haciéndose ricos. De esta manera, me imagino que los dos se sentirán más seguros sobre su futuro que cuando empezaron este camino. Como mínimo, deberían sentirse más seguros porque realmente lo están. Pero esto no significa que a partir de este momento puedan sentarse y relajarse. Todo lo contrario; ha llegado el momento de empezar a planear seriamente su vida teniendo en cuenta los problemas inesperados.

La verdad es que la vida a veces es complicada

Me considero una persona optimista y me gustaría ser capaz de decirles que todo les irá bien siempre. Pero, lamentablemente, en algunas ocasiones las cosas se tuercen y pueden ir mal. La gente pierde el trabajo, los matrimonios se separan, los negocios quiebran, los cabezas de familia son amonestados y en algunos casos pueden llegar a morirse. Estas cosas ocurren.

No hay solución posible. Estas cosas siempre ocurren y no van a dejar de hacerlo sólo porque ustedes hayan decidido comportarse de forma inteligente con su dinero.

Pero tampoco es necesario que usted y su pareja se desanimen por eso.

Si saben que las cosas pueden ir mal, se pueden preparar y esto les ofrece una posición de poder. Si tienen un «plan B», por si las cosas no salen como ustedes querían, no sólo se sentirán más seguros sino que lo estarán de verdad. Este plan B es su cesta de seguridad, y crearlo es como construir los fundamentos de su casa financiera familiar. Podrían construir una casa muy bonita (realizando un buen trabajo con su cesta de seguridad), pero si no la construyen sobre una buena base (una cesta de seguridad bien provista) su magnífica casa (su estado financiero) podría venirse a bajo con todas las personas que ustedes quieren dentro.

Tener esperanzas de que ocurrirá lo mejor, pero estar preparado para lo peor

La clave de la cesta de seguridad es sencilla. Consiste en proteger a su pareja, a su familia (si la tiene) y a usted mismo de los dificultades financieras inesperadas. Estas contrariedades podrían ser un acontecimiento importante, como la pérdida de un trabajo o la muerte de un ser querido, o podrían ser uno más insignificante, como tener que comprar unos frenos nuevos para el coche o que se estropee el lavaplatos. La cuestión es que los problemas inesperados surgen de cualquier sitio y aunque nunca se puede adivinar de antemano por dónde aparecerán, se puede estar preparado para gestionarlos.

En mis seminarios, relaciono la cesta de seguridad con lo que las empresas automovilísticas denominan «sistemas restrictivos pasivos», es decir, con elementos como el cinturón de seguridad y el airbag que hoy en día son obligatorios en todos los coches nuevos. Cuando se compran un coche nuevo, pagan por un airbag y llevan puesto el cinturón de seguridad durante los trayectos. Esto no implica que quieran o planeen tener un accidente. Simplemente, son listos; se aseguran de estar protegidos en caso de que tuvieran un accidente. Esto es lo que vamos a hacer a continuación. Vamos a instalar un airbag financiero.

Cinco cosas que deben hacer para protegerse

Para sentirse bien protegidos, deben completar su cesta de seguridad con las cinco protecciones siguientes.

Cuando era pequeño, mi abuela solía decirme:

–David, debes tener siempre algún dinero «para los imprevistos» porque cuando llegue el mal tiempo, poseer dinero en efectivo será una gran suerte.

En aquel momento fue un buen consejo y sigue siéndolo en la actualidad. Sé que me siento mejor disponiendo de una buena cantidad de dinero por si tengo algún problema. Lo mismo les ocurrirá a ustedes. Por consiguiente, sigan el consejo de mi abuela y créense una cuenta de emergencia. Me gustaría que pensaran en esto como si se tratara de su airbag de dinero, una cantidad que suavizaría el golpe si perdieran parte de su renta por alguna razón (la pérdida del trabajo, una discapacidad, una mala economía…).

Lógicamente, la pregunta que surge a continuación es cuánta cantidad se necesita. ¿Cuánto dinero necesitan reservar para sentirse protegidos –y estarlo– frente a los acontecimientos que ocurren?

La respuesta es sencilla. Depende de la cantidad que gasten cada mes. La palabra clave es «gasto». No importa lo que ganen. Si ganan 5.000 dólares al mes, no necesitan reservar 5.000 dólares cada mes. Después de todo, ustedes están guardando, como mínimo, un 10% de su renta en la cesta para la jubilación (¿verdad que lo están haciendo?) y están pagando una gran parte del resto al gobierno en forma de impuestos.

Su pareja y usted deberían haber descubierto cuánto dinero gastan cada mes en el cuarto paso (el factor «del café con leche» de las parejas). Si no lo han hecho, deberían hacerlo en este momento. (Pueden utilizar el formulario de la pág. 243, titulado «¿Adónde va a parar el dinero realmente?»

Cuando ya dispongan de la cifra, pueden calcular la cantidad que deberían tener sus ahorros. En mi opinión, la cantidad mínima que deberían guardar tiene que ser una cifra que equivalga a sus gastos de tres meses. Es decir, si gastan 2.000 dólares al mes, deberían guardar, como mínimo, 6.000 dólares en efectivo en su cesta de seguridad.

Pero esto sólo es un mínimo. En algunos casos, puede ser que quieran guardar como reserva el equivalente a los gastos de veinticuatro meses, que representa una suma elevada. La variabilidad de esta cifra puede depender de muchos factores. Por ejemplo, si perdieran su trabajo, ¿cuánto tiempo tardarían en remplazar sus ingresos? Suele ocurrir que cuanto más dinero hayan ganado, más difícil resulta encontrar un nuevo trabajo. Como consecuencia, los expertos suelen recomendar que reserven el valor de sus gastos mensuales por cada 10.000 dólares de sus ingresos anuales. (Es decir, si usted y su pareja tienen unos ingresos anuales de 50.000 dólares, los expertos les sugerirían que guardaran cinco mensualidades.)

Pero, ¿ realmente es necesaria esta precaución? En muchos sectores de la economía, el ambiente está tan agitado que pueden perder el trabajo y tener cinco ofertas para uno nuevo en menos de una semana. Pero no existen garantías, y las economías explosivas pueden enfriarse a una velocidad espeluznante. Usted y su pareja deberían mantener una conversación seria sobre sus gastos, sobre la capacidad que tendrían para mantener su renta fluida si uno de los dos se quedara sin trabajo y sobre lo que yo denomino factor «dormir tranquilo por la noche».

¿Cuánto dinero deberían reservar para poder dormir tranquilos por la noche?

La cifra que nos permite «dormir por la noche» es diferente para cada persona, incluyendo para cada miembro de la pareja. Es casi seguro que uno de los dos necesitará una mayor seguridad financiera para poder dormir bien por la noche. Mientras que tres meses de ahorro es lo mínimo que acostumbro a recomendar, hay muchas parejas que eligen tener ahorrados los gastos equivalentes a veinticuatro meses. Tienen que decidir juntos qué es lo más conveniente para ustedes como pareja.

Sin embargo, les propondré una norma general: en mi opinión, no hay razones para ahorrar más que la cantidad equivalente a veinticuatro meses de gastos en su cesta de seguridad. Sería desproporcionado. Y una cosa más: si tienen dudas sobre cuánto dinero deberían poseer en su cesta de seguridad, sean prudentes y ahorren más que menos.

No permitan que los bancos se enriquezcan a partir de sus ahorros

Además de la importancia de saber qué cantidad de dinero ahorran en su cesta de seguridad, también necesitan saber dónde guardarlo. La mayoría de gente coloca su cantidad de dinero de emergencia en el lugar equivocado, que es lo mismo que decir que guardan el dinero en una cuenta corriente o de ahorro en un banco local. Ésta es la peor solución porque este tipo de cuentas son las que más estafan.

Lo han leído bien. Cuando guardan su dinero en una cuenta corriente en el banco local, les están engañando. Las consecuencias todavía son peores cuando lo guardan en una cuenta de ahorro.

La verdad es que los bancos se enriquecen a partir de nuestras cuentas corrientes y de ahorro ordinarias. Porque mientras el dinero se encuentra en estas cuentas (su dinero) está trabajando para el banco y a ustedes les ofrecen muy pocos intereses y, en algunos casos, ninguno. No hace mucho tiempo, llevado por la curiosidad, me dirigí a la sucursal local de uno de los bancos más grandes del país y pregunté qué interés estaban ofreciendo por los depósitos de las cuentas corrientes. Su respuesta fue que un 1%. Como suele ocurrir, la media nacional se situaba en el 1,5%. En mi opinión, es una locura.

Pero no puedo evitar enfadarme. Este tipo de cosas me altera mucho porque cuenta como un gasto más y es tan innecesario... Por su propio bien, deben decidir hoy mismo que dejarán de permitir que los bancos sigan estafándolos a partir de sus cuentas corrientes. Lo que pueden hacer es dirigirse a cualquier sociedad de inversión de cualquier ciudad —o utilizar Internet— y abrir lo que se conoce como una cuenta corriente de inversión por la que les ofrecerán entre el 4 y el 6% de interés anual.

Esto es muy diferente. Si tienen reservados 10.000 dólares para su cesta de seguridad y los tienen en una cuenta corriente en la que les pagan el 1% en vez del 5% de interés, están perdiendo 400 dólares de intereses al año. Se trata de mucho dinero para perderlo sin más.

En la mayoría de casos, las cuentas corrientes de inversión también ofrecen la posibilidad de extender cheques sin límite, una tarjeta de débito que también pueden utilizar como tarjeta de crédito (y en algunos casos también regalan kilómetros para los usuarios habituales de los aviones), un informe que les resume dónde gastan su dinero y recibos de los pagos on-line. Piensen en ello. Obtienen una gran variedad de posibilidades buenas y su dinero gana más intereses.

Además, estas cuentas corrientes de inversión son seguras. De hecho, probablemente se trate de la inversión más segura que pueden comprar. Y si resulta que ustedes son muy conservadores, pueden llegar a obtener una cuenta de inversión asegurada (aunque, normalmente, les pagarán un 1% o un 2% menos que las cuentas no aseguradas).

¿Por qué no sabían que había cuentas de ahorro que ofrecían el 6% de interés?

Si toda esta información sobre las cuentas corrientes de inversión es nueva para ustedes, no se preocupen, no son los únicos. No puedo contar cuántas veces he hablado sobre ellas en conferencias, seminarios y programas de televisión y al terminar la gente se ha levantado a preguntarme cómo pueden abrir una. Esto no es sorprendente si se tiene en cuenta que los bancos no quieren que se sepa nada sobre estas cuentas.

En realidad, estas cuentas han existido durante muchos años. Actualmente, la gran diferencia es que no hay que ser rico para abrir una. Antes, se solía necesitar un depósito inicial de 10.000 dólares o más para poder abrir una cuenta corriente de inversión. Pero, hoy en día, pueden abrir una con una cifra más reducida, como unos 2.000 dólares, y en algunos casos sin ninguna cantidad mínima.

De todos modos, aunque todavía no se hayan decidido, pueden estar seguros de que el mejor sitio para acumular el efectivo que guardan como ahorros de emergencia es una de estas cuentas corrientes de inversión.

PROTECCIÓN Nº 2
Su pareja y usted DEBEN redactar un testamento
o fijar un fideicomiso activo obligatoriamente.

La gente llega a mis seminarios preguntándome:

—Si me muero, ¿qué tipo de testamento debería tener?

¿Si se muere?

Lo siento, pero todos vamos a morir en algún momento. Es una cuestión de la vida que no se puede evitar. La gente puede llegar a vivir más años, pero tarde o temprano todos nosotros vamos a terminar en otro sitio. Realmente es triste, ¿pero saben cuál es la verdadera tragedia? Que dos tercios de la gente muere sin haber redactado un testamento o haber fijado un fideicomiso activo que especifique qué se debería hacer con su dinero o sus propiedades, entre quién se tendría que distribuir y cómo.

Si aman a alguien no pueden dejar que esto ocurra. Deben elaborar un testamento o un fideicomiso activo.

No se admite discusión en este tema. No es específico de los matrimonios. Si están comprometidos o mantienen una relación a largo plazo, independientemente de que estén casados o no, deben conseguir que un abogado esboce un documento legal que refleje lo que quieren hacer en el caso de que alguno de los dos se quede incapacitado o muera. Recuerden que estas cosas ocurren.

Este documento legal debería reflejar los siguientes puntos clave:

¿Qué debería hacerse con sus propiedades cuando mueran?

¿Quieren que todos sus activos pasen a ser de su esposo/a o pareja? A lo mejor quieren dejar algo a un hermano, a uno de sus padres o a un amigo. ¿Y sus hijos? ¿Y los hijos de su pareja? Quizás hay alguna asociación benéfica, iglesia o escuela de la que quieren acordarse. Si no preparan un documento legal que prevea todos estos aspectos, van a complicarles la vida a sus seres queridos. Y me estoy refiriendo a algo más que a un pequeño inconveniente. Las familias tienen que decidir este tipo de cuestiones a cada momento.

¿Qué pasaría si los dos murieran al mismo tiempo?

Pueden estar pensando que esto es bastante improbable, pero puede ocurrir y es algo que necesitan tener en consideración, sobre todo si tienen hijos. ¿Qué querrían que se hiciera con sus activos si los dos murieran juntos? Si tienen hijos ¿quién les gustaría que los educara? ¿Quién sería el responsable de gestionar su dinero? Si no especifican estas cuestiones de antemano, el gobierno se inmiscuirá y tomará las decisiones en su lugar. ¿Les gustaría que el gobierno decidiera qué hacer con sus hijos? Las parejas inteligentes no permiten que el gobierno decida nada tan importante. Las parejas inteligentes se aseguran de tener un testamento o un fideicomiso.

¿Qué pasaría si uno de los dos enfermara (o sufriera algún tipo de discapacidad) y no pudiera tomar más decisiones?

Esta pregunta complicada está recogida en un documento denominado «testamento vital». Es un documento adjunto al testamento o al fideicomiso en el que explican con detalle cómo les gustaría que los trataran si se pusieran tan enfermos o heridos de gravedad que no pudieran comunicar sus necesidades o deseos. Si, por ejemplo, tienen un accidente de coche y padecen una muerte cerebral, ¿querrían que el hospital les mantuviera vivos a través de una máquina artificial? Con sinceridad, si esto me ocurriera a mí, no querría. Puede ser que ustedes tengan una opinión diferente. Lo importante es que si no especifican este tipo de cosas en su testamento o fideicomiso, alguien tomará esta decisión vital por ustedes. No quieren que su familia tenga que enfrentarse a este aspecto en medio de la tragedia. Entre otras cosas, su testamento vital debería contener un poder durable y sanitario. Esto le proporciona a una persona determinada (como por ejemplo a su pareja) el derecho legal de tomar decisiones financieras y médicas en su lugar si se quedaran discapacitados.

Como he explicado anteriormente, no deberían intentar redactar un esbozo de los testamentos o fideicomisos activos por su cuenta. Es cierto que pueden comprar algunos programas informáticos por unos 30 dólares que, supuestamente, les proporcionan los impresos y plantillas que necesitan. Pero legalizarlos es muy complicado y delicado, y varía dependiendo del estado. Además, un error ínfimo en el esbozo de un testamento o fideicomiso puede invalidarlo o, como mínimo, abrirlo para que se pueda impugnar.

Es evidente que hay demasiado en juego en estos documentos como para que lo prueben. Es preferible que dediquen su tiempo y dinero a encontrar un buen abogado o un notario y dejen que redacte el esbozo de estos en su lugar.

¿Qué es un fideicomiso activo?

Antes de continuar, probablemente debería explicarles con más detalle qué es un fideicomiso activo. Básicamente, se trata de un documento legal que tiene dos finalidades. En primer lugar, permite que transfieran la propiedad de cualquiera de sus activos (la casa, el coche, las cuentas de jubilación, etc.) a un fideicomisario mientras están vivos. En segundo lugar, indica a quién se le deberían dar todos sus activos cuando mueran. Si se nombran a ustedes mismos fideicomisarios, pueden continuar controlando sus activos, lo que significa que mientras continúen con vida, la transferencia de su propiedad no tendría ninguna influencia en su capacidad para disfrutar y gestionar su propiedad.

La principal ventaja que tiene un fideicomiso activo respecto a un simple testamento es que si lo crean adecuadamente y lo financian correctamente, sus activos no tendrán que legalizarse cuando mueran. Es decir, sus instrucciones referentes a la distribución de sus activos no serán revisadas por los tribunales. Este aspecto es muy importante. Si evitan la legalización, pueden llegar a ahorrarse miles de dólares en los honorarios de un abogado.

Además, podrán mantener su privacidad. (Cuando un estado legaliza estos documentos, todos los detalles salen a la luz pública. En un mundo perfecto, esto no significaría ningún problema, pero el mundo no lo es. Por tristeza, hay gente que se gana la vida leyendo informes legalizados e intentando buscar la manera de meter la mano en su dinero. En realidad cualquiera puede decir que le habían prometido parte de su legado. Pueden aparecer ante un tribunal e insistir que eran sus mejores amigos y que ustedes habían prometido dejarles 50.000 dólares cuando murieran. Aunque se trate de una representación, su familia tendrá que pagar bastante dinero a un abogado para luchar contra estas afirmaciones.)

Qué *no* deben hacer con un fideicomiso activo

La clave para conseguir que un fideicomiso activo sea provechoso para ustedes es financiarlo de forma correcta. Muchas parejas cargadas de buenas intenciones fijan uno, pero luego olvidan cambiar la escritura o las cuentas de inversión de su nombre al del fideicomisario. Si no lo hacen, en vez de estar protegidos, sus activos más importantes terminarán legalizándose cuando mueran.

El proceso de cambio de nombre de una cuenta u otro activo es un proceso sencillo, pero tienen que acordarse de realizarlo. Simplemente deben llamar a su sociedad de inversión o a su agente inmobiliario y explicarles que han creado un fideicomiso activo y que necesitan cambiar de nombre su cuenta. Ellos están acostumbrados a gestionar este tipo de cosas y sabrán exactamente lo que hay que hacer.

Pero, evidentemente, deberán seguir controlando su trabajo. Un error tipográfico mínimo –un nombre mal escrito o un número de cuenta incorrecto– puede provocar muchos problemas. En la mayoría de casos, la mejor forma de protegerse es asegurarse de que el abogado añada una cláusula, que consiste en un apéndice que lista lo que ustedes pretenden poner en el fideicomiso; por consiguiente, incluso si olvidan cambiar de nombre algunos activos, continuarán estando cubiertos.

No coloquen su CJI en un fideicomiso

En alguna ocasión me he encontrado con parejas que han seguido el consejo de un abogado inexperto que les ha recomendado poner su CJI en su fideicomiso o convertirlo en el beneficiario de sus cuentas de jubilación. O con otras que han entendido mal a su abogado y lo han hecho por su cuenta. Dejar una cuenta de jubilación en un fideicomiso es uno de los errores más graves –y más comunes– que la gente comete. La verdad es que, por sí sola, una cuenta de jubilación no está sujeta a legalización ni a impuestos sobre la propiedad. Si su pareja tiene una cuenta de jubilación que le nombra a usted como beneficiario, tiene capacidad para heredarla gratis y fácilmente. Pero si colocan la CJI en el fideicomiso o la persona beneficiaria resulta ser un fideicomisario –aunque sea el suyo– la cuenta de jubilación puede estar expuesta a impuestos sobre la propiedad. Ésto no está bien, y yo he visto cómo pasaba en más de una ocasión. Resumiendo, si fijan un fideicomiso, dejen su cuenta de jubilación aparte.

Pero es evidente que éste no es el único error que comete la gente respecto a los testamentos o los fideicomisos. A continuación, les expondré tres errores diferentes con los que me encuentro en muchas ocasiones.

Los tres errores más comunes que comente la gente con los testamentos y los fideicomisos

1. No llegar hasta el final

Una pareja se reúne con un abogado para hablar sobre la elaboración de un testamento o un fideicomiso activo. El abogado les proporciona una lista de cosas en las que pensar y sobre las que tienen que tomar decisiones. La pareja se marcha a casa y nunca llega hasta el final. O peor todavía, toman decisiones pero nunca acaban yendo a firmar los documentos. Como asesor financiero, me he encontrado con esta situación muchas veces. En algunos casos, he tenido clientes que se han tomado un año para terminar el proceso, principalmente porque continuaban aplazándolo. No lo hagan. Fijen una cita con un abogado, márquense una fecha límite y lleguen hasta el final.

2. Esconder los documentos en un lugar en el que nadie pueda encontrarlos

La gente gasta un tiempo y un dinero en esbozar un testamento o un fideicomiso activo, y luego ¿saben lo que hacen? ¡Esconden los documentos! Algunas veces los esconden tan bien que nunca los encuentran cuando los necesitan.

O, por el contrario, guardan el testamento o el fideicomiso en un lugar evidente –como una caja de seguridad en el banco–, pero ¿saben lo que hacen con la llave? Correcto, la esconden.

¿Verdad que parece muy divertido? Pues no lo es. Sus seres queridos ya tendrán suficientes cosas que solucionar cuando ustedes mueran y no necesitarán montar una cacería para encontrar estos documentos. Para evitarles esta agonía, les recomiendo guardar los testamentos o fideicomisos (u otros documentos importantes como pólizas de seguro, escrituras...) en un sitio fácil de localizar y luego díganles a sus familiares cuál es.

También deberían asegurarse de que su abogado tenga una copia de su testamento o de los documentos de fideicomiso en un archivo. La mayoría lo hacen como una cuestión rutinaria, pero compruébenlo para asegurarse.

3. No actualizar los documentos

A menudo me encuentro con parejas cuyos testamentos o fideicomisos fueron escritos veinte o treinta años antes y que no se han revisado desde entonces. De hecho, conozco a muchas parejas cuyo testamento continúa especificando quién debería obtener la custodia de sus hijos si los dos padres murieran, aunque en la actualidad los hijos tengan cuarenta años y tengan hijos. La gente que acude a mis seminarios se ríe cuando cuento estos ejemplos, pero son más habituales de lo que se imaginan.

A medida que las circunstancias de su vida van cambiando, su testamento o fideicomiso también debería cambiar. Como mínimo, asegúrense de que se actualizan con regularidad. Esto significa cada cinco años... o cada vez que se produce un cambio material en su vida.

Una última sugerencia: si tienen padres mayores, asegúrense de que tengan un testamento o un fideicomiso. Se sorprenderían de cuánta gente no los tiene. (Si han estado atentos, no deberían sorprenderse. Como les he explicado anteriormente, dos de cada tres norteamericanos muere sin haber hecho testamento.)

En realidad, si sus padres no lo han redactado conjuntamente, es muy probable que se encuentren frente a una situación complicada. Aunque les parezca que entablar una conversación con sus padres sobre el testamento pueda ser un poco desagradable, créanme: en último término, valdrá más la pena que el problema con el que pueden encontrarse.

No hay discusión posible en este tema. Deben tener un seguro médico. La única pregunta que deberían hacerse es cómo pueden conseguirlo y qué opciones tienen.

La mayoría de parejas se pueden clasificar en dos categorías. O bien quedan cubiertas por un plan médico proporcionado por el trabajo o bien no lo están; en este último caso deberían indagar y encontrar un plan por su cuenta. Esto puede parecer terrible y difícil, pero no tiene por qué serlo. Si su cobertura individual se vuelve demasiado cara, pueden obtener una valoración de grupo mediante una organización profesional o una asociación. Pueden probar con la iglesia o la sinagoga.

Si resulta que tienen una cobertura médica de la empresa, no crean que les deja fuera de peligro. Todas las parejas —incluso las que están cubiertas por su trabajo— tienen que tomar unas decisiones básicas sobre el seguro médico.

¿Cómo se puede elegir el mejor plan?

Puede parecerle un poco extraño, pero si su empresa les ofrece una larga lista de opciones médicas, les sugiero que elijan la posibilidad más cara. Lo digo porque en casi todos los casos la más cara les proporcionará más opciones, y cuando se trata de la salud personal, creo que es una tontería escatimar dinero.

Puede ser que usted y su pareja se encuentren perfectamente de salud en la actualidad, pero ¿quién sabe lo que les depara el futuro? Mañana mismo podrían encontrarse con un bulto en el pecho o una mancha en la espalda. ¿Por qué sacrificar la libertad de poder visitar al médico que quieran sólo por ahorrarse algo de dinero al mes? Sencillamente, no merece la pena. Si van a cenar fuera una vez menos al mes o cancelan alguno de los canales de pago de la televisión, habrán cubierto los gastos de utilizar la opción médica más cara y con más flexibilidad.

Si tienen una cobertura de empresa, les sugiero que comparen sus planes. Puede ser que uno de los dos sea notablemente mejor que el otro; en este caso, podrían plantearse la opción de cancelar el plan peor y utilizar el mejor para que les cubra a los dos. A largo plazo, compartir un buen plan puede resultar más barato que tener dos separados. Sin embargo, no les recomiendo que lo hagan si existen posibilidades de que el que tiene la buena cobertura cambie de trabajo en un futuro próximo.

Si están pensando en tener hijos...

No es necesario recordarles que las parejas que están planeando tener hijos deberían asegurarse de que eligen un plan médico que ofrezca cobertura para la maternidad. Si están pensando en tener un hijo durante el próximo año, pónganse en contacto con el departamento de indemnizaciones de la empresa y pregunten qué plan recomiendan para futuros padres. Si no quieren orientarlos, pregunten a alguno de sus compañeros de trabajo que sepan que han tenido hijos.

Además, siempre es buena idea contactar con los proveedores directamente. Una estrategia muy inteligente es seleccionar el plan médico después de haber seleccionado un médico y un hospital. Primero, elijan el médico y el hospital que más les gusta. Luego, pregunten qué planes cubren sus servicios. Con un poco de suerte, podrán contratar alguno de estos planes.

¿Qué pasa en el caso de los trabajadores autónomos?

Ser un trabajador autónomo no es una excusa para no tener una cobertura médica. Hoy en día, es muy fácil encontrar un seguro médico accesible y de calidad. Muchos de los emprendedores pertenecen a organizaciones profesionales y la mayoría ofrecen planes a unas tarifas razonables. Si no forma parte de alguno de estos grupos, ¿por qué no se plantean unirse a uno? Aparte, siempre podrán preguntarle a un profesional en seguros independiente qué cobertura deben obtener.

Es evidente que si uno de los dos miembros de la pareja trabaja para una empresa que ofrece cobertura médica su problema puede estar solucionado –simplemente, deben acogerse al plan del otro miembro de la pareja. Si no están casados, es obvio que deben asegurarse de que el programa cubra a las parejas de hecho. Por suerte, cada vez hay más empresas que están empezando a regularlo.

La mayoría de personas odia hablar de los seguros de vida, pero si en su vida hay alguien que depende de su soporte financiero, necesitan tener algún tipo de plan de protección por si les ocurriera algo. Y en esto consiste un seguro de vida: un plan de protección. Cuando mueran, la persona (o personas) a la que hayan designado como beneficiaria recibirá una suma de dinero conocida como indemnización por fallecimiento. Concretamente, no hay ninguna ley que diga que cuando se mueran tengan que dejar su fortuna a alguien. Pero si hay gente que depende de ustedes –como, por ejemplo, sus hijos o una pareja que no trabaje– tienen la responsabilidad de no dejarlos en un mundo de dolor financiero.

Algunas estadísticas desafortunadas

Como hombre no me gusta aceptarlo, pero la verdad es que las mujeres tienden a vivir más que nosotros (suelen vivir unos siete años más que los hombres). Si combinan esto con el hecho de que las mujeres tienden a casarse con hombres mayores que ellas, el resultado son algunas estadísticas preocupantes. Por un lado, la edad media de viudedad es tan sólo de cincuenta y seis años. Por otro, casi la mitad de mujeres mayores de sesenta y cinco años son viudas.

Todo esto es muy triste. Sin embargo, todavía es peor ver a una viuda que creía que su marido estaba asegurado y que descubre (cuando ya es demasiado tarde) que no lo estaba o que no tenía suficiente cobertura.

¿Cuánto debería cubrir el seguro de vida?

Lo que he afirmado antes con referencia a la cobertura médica es aplicable en este punto: en el seguro de vida no se debe escatimar dinero. Lo ideal es que compraran suficiente cobertura como para que sus seres queridos pudieran vivir confortablemente si les ocurriera algo a ustedes. ¿Pero cuánto dinero cuesta esto?

A continuación, les propongo unas preguntas que deberían plantearse para hacerse una idea general de cuánto seguro de vida necesitan.

1. **¿Quién depende de su renta actualmente?**
    La primera pregunta que deben hacerse es quién saldría perjudicado financieramente si alguno de ustedes muriera. Si tienen hijos, ¿la persona que sobreviviera podría gestionar las finanzas sola? ¿Qué pasaría si los dos murieran al mismo tiempo? No presupongan que sus padres o un hermano podrían o deberían tomar esta responsabilidad. Esto no es justo para nadie. ¿Qué pasa si vuelven a casarse y tienen hijos del primer matrimonio? ¿Podrían confiar en que su ex-pareja pagara la educación de sus hijos? Y aunque no tengan hijos, si viven en una casa magnífica y disfrutan de una buena vida, ¿la persona que sobreviva podría mantener el mismo estilo de vida?

2. **¿Cuánto les costaría a las personas que dependen de ustedes vivir un año?**
    Cuando calculen esta cifra, asegúrense de que lo incluyen todo: impuestos, pagos de hipotecas, gastos escolares, recibos del médico... todo.

3. **¿Deberían pagar alguna deuda importante o algunos gastos inesperados que podrían surgir?**
    Si su pareja debe dinero (una hipoteca, un préstamo del coche, una deuda de la tarjeta de crédito, impuestos atrasados, etc.), no se encontrarán sin dificultades sólo porque haya muerto. De hecho, podrían terminar heredando la deuda. Como no sería una situación muy divertida, éste es otro motivo por el que podrían necesitar más seguro del que creían. ¿Y los gastos del funeral, los costes de la legalización del testamento o los impuestos sobre la propiedad? Esto podría suponer decenas de miles de dólares, si

no más. ¿Qué pasaría si su pareja tuviera un negocio? ¿Existen deudas que se tendrían que pagar?

4. **¿Poseen una póliza de empresa?**
Muchas empresas les pagan a sus trabajadores una cantidad limitada de seguro de vida. Fíjense en el suyo, y en el caso que se la ofrezcan, no olviden tener en cuenta la indemnización por fallecimiento cuando calculen cuánta cobertura adicional necesitan. También deberían averiguar si su póliza de trabajo se entiende como una «póliza conservable», es decir, que la posean en la actualidad y que puedan conservarla cuando dejen el trabajo. Si la póliza de su trabajo no es conservable, podrían encontrarse en una posición difícil, sin trabajo ni cobertura de seguro de vida. Por tanto, revisen la póliza de su empresa y asegúrense de que comprenden qué tipo de cobertura tienen.

Encontrar la cantidad adecuada

Ahora que se han formado una idea del gran «agujero» financiero que su muerte podría dejar, pueden calcular cuánto seguro de vida deberían comprar. Mi recomendación es que obtengan una póliza con una indemnización por fallecimiento que cubra entre seis y veinte veces sus gastos anuales. Por ejemplo, si necesitan 50.000 dólares al año para cubrir sus obligaciones, pueden llegar a plantearse obtener una indemnización por fallecimiento de entre 300.000 dólares y un millón de dólares.

¿Por qué tipo de cifras deberían inclinarse? Depende de cuáles sean sus activos actuales y cuánto dinero crean que deberían pagar de deudas. No hace falta decir que todo el mundo es diferente. Algunos quieren asegurarse de que las personas que dependen de ellos no tengan que trabajar nunca más, mientras que otros creen que unos ahorros para diez años son más que suficiente.

Comprueben que aseguran a la persona que «trabaja en casa»

Uno de los errores más comunes que las parejas cometen con los seguros es no asegurar al miembro de la pareja que se queda en casa cuidando a los hijos. Si están casados y tienen hijos o, simplemente, viven junto con niños no cometan el error de asegurar sólo al que «trabaja» fuera de casa. Muchos hombres presuponen erróneamente que si su mujer es «ama de casa», sólo es necesario que se aseguren ellos porque son los únicos que trabajan. ¿Pero realmente es cierto? ¿Qué pasaría si una «madre» o un padre «amo de casa» muriera? Alguien va a tener que ocuparse de los hijos. Esto significaría alquilar a una niñera o enviar a los niños a un centro todo el día. En cualquier caso, cuesta dinero. Por tanto, sean inteligentes y aseguren a los dos miembros de la pareja.

¿Qué tipo de seguro de vida deberían tener?

Existen centenares de pólizas de seguros de vida distintas. No se preocupen si se encuentran un poco perdidos por todas estas variantes. En realidad, cuando a la gente se le pregunta qué tipo de seguro de vida tiene, no lo sabe. Afortunadamente, cuando los analizas con detenimiento, los seguros de vida no son tan complicados.

Básicamente, existen dos tipos de seguros de vida diferentes: seguros temporales, que no crean ningún valor en efectivo, y seguros permanentes, que sí lo crean.

Seguros temporales

Este tipo de seguro es muy sencillo. Tienen que pagarles a la compañía de seguros una prima y a cambio la compañía les promete que les pagarán a su beneficiario una indemnización por fallecimiento cuando se mueran. Concretamente, estos seguros les proporcionan una cantidad fija de protección a un precio fijo por un periodo de tiempo fijo. Mientras paguen la prima, están cubiertos. Cuando dejen de pagarla, su póliza vencerá, es decir, nadie obtendrá una indemnización por fallecimiento cuando se mueran.

La principal ventaja de este tipo de seguro de vida es que es relativamente barato. De hecho, es el más barato que pueden encontrar. También es bastante fácil conseguirlo. Actualmente, pueden hacerlo hasta por Internet, que les sale todavía más barato.

El problema es que este tipo de póliza no crea ningún valor efectivo. Pueden ir pagando primas en una póliza temporal durante treinta años, pero si en ese momento deciden que no la quieren o que no la necesitan, se quedarán sin nada. El objetivo de este seguro es únicamente proporcionarles a sus beneficiarios una indemnización por fallecimiento. Es un plan de protección, puro y simple... y barato.

Los seguros temporales se dividen en dos tipos básicos: renovables cada año y renovables en periodos más largos.

Renovable cada año. Con este tipo de seguro, su indemnización por fallecimiento se mantiene en la misma cantidad mientras que ustedes pagan unas primas más elevadas cada año. Esto se debe a que cuanto más mayor se hace la gente, más probable es que muera. (¿Verdad que es un pensamiento muy alegre?) Posiblemente este será el tipo de póliza que tengan si trabajan para una empresa y han firmado un seguro de vida a través del departamento de indemnizaciones. La principal ventaja de este seguro renovable cada año es que es bastante barato cuando uno es joven. De hecho, es el tipo de seguro más barato cuando se empieza. El problema es que a medida que uno se va haciendo mayor (y la probabilidad de que se muera aumenta), las primas se van haciendo prohibitibamente caras.

Renovables en periodos más largos. Con este tipo de póliza, tanto la indemnización por fallecimiento como las primas se mantienen en la misma cifra durante un periodo que ustedes deben elegir cuando contratan este seguro. Este periodo puede variar entre cinco y treinta años. Aunque al principio este tipo de seguro es más caro que el renovable cada año, a largo plazo se convierte en más barato. Por esta razón, suelo recomendar este tipo de seguro a mis clientes. Si eligen esta póliza, les sugiero que fijen un mínimo de quince o veinte años. Si en la actualidad tienen unos treinta años, o incluso menos, una póliza de veinte años protegería a su familia como mínimo durante los años en que es más probable que más necesiten sus ingresos.

¿Quién debería tener en cuenta los seguros temporales?

Hoy en día, ésta es una decisión fácil de tomar. A menos que estén comprando un seguro de vida como una inversión (que en la mayoría de casos no es lo que deberían hacer), les recomiendo que compren un seguro temporal, concretamente una póliza renovable en periodos largos. El tema más problemático es conseguir una póliza para veinte años. Si este periodo disminuye, siempre pueden «romper» la póliza, es decir cancelarla, y comprar una nueva, más barata.

Ha llegado el momento de comprar un seguro barato

En los últimos diez años, el precio de los seguros temporales se ha reducido hasta la mitad. Lo que significa que si ya hace más de cinco años que tienen una póliza, deberían contactar con una compañía de seguros para ver si pueden encontrar algo mejor.

En la mayoría de casos, deberían ser capaces de ahorrarse centenares de dólares al años en los gastos de las primas. Otra alternativa sería aumentar la cantidad de su indemnización por fallecimiento sin tener que pagar una prima más elevada. Tengo algunos clientes que han duplicado el valor de su indemnización por fallecimiento y continúan pagando la misma prima.

Como en el caso de otros temas de los que ya hemos hablado en este libro, esto no es difícil de hacer, pero no se realiza por sí solo. Deben hacerlo ustedes. Recuerdo el caso de una pareja de unos cuarenta años llamados Richard y Leslie, a los que les revisé las finanzas hace unos años. En un principio, se encontraban en una buena situación, ahorraban mucho dinero sacando el máximo provecho de sus planes de jubilación. Pero cuando me fijé en su seguro de vida, me di cuenta de que estaban pagando de más por el tipo de cobertura que tenían. En aquel momento, Richard tenía una póliza de 250.000 dólares y le expliqué que con las mismas primas podía duplicar su indemnización por fallecimiento hasta 500.000 dólares. Richard y Leslie asintieron y me aseguraron que lo tendrían en cuenta.

Por desgracia, fue un tema que nunca resolvieron. Unos años más tarde, recibí unas noticias terribles de Leslie. Richard había sufrido un ataque al corazón durante las vacaciones y había muerto. Como se habían negado a cambiar la póliza, la indemnización por fallecimiento que recibió Leslie fue la mitad de lo que podría haber obtenido.

Leslie me confesó que sí que habían intentado actualizar sus pólizas.

–Nos fuimos de su despacho muy motivados –me comentó–. Pero estábamos muy ocupados. No me imaginaba que Richard moriría con cuarenta y dos años. No lo habíamos planeado.

La realidad más triste en la vida es que este tipo de cosas nunca se tienen planeadas. Por eso, les recomiendo que revisen sus pólizas ahora y si hace algunos años que las obtuvieron, intenten conseguir algo mejor.

Seguros permanentes

Los seguros de vida permanentes también son conocidos como seguros de «valor efectivo». Para que lo entiendan fácilmente, es como tener una póliza temporal y combinarla con un plan de ahorro que les ayude a obtener más beneficios. En último término, pueden gastarse estos ahorros que tanto les han costado conseguir o utilizarlos para pagar las primas anuales de su póliza. El inconveniente en este caso es que los seguros permanentes son muy caros. De hecho, pueden costar entre cinco o diez veces más que un seguro temporal.

¿Por dónde deberían empezar?

Si van a comprarse un seguro de vida, los dos deberían reunirse con un profesional de los seguros de vida, no con un vendedor. Busquen a alguien que haya estado en este negocio unos diez años y que sepa lo que hace. Una buena opción es preguntar a amigos que les hagan algunas recomendaciones. El mundo de los seguros es complicado y por eso les recomiendo que consigan una orientación profesional.

> **PROTECCIÓN Nº5**
> Protegerse a ustedes mismos y a sus ingresos con un seguro por invalidez.

Yo solía pensar que el seguro por invalidez era una pérdida de dinero. Pero luego me fijé en lo que le sucedió a Christopher Reeve.

Se trataba de una estrella de cine genuina, un hombre tan en forma y con tanta salud que podía interpretar a Superman. Pero en 1995 se cayó de un caballo y se rompió el cuello. En un instante todo lo que había hecho con su vida hasta ese momento –y todo lo que había estado planeando hacer en un futuro– desapareció.

En la actualidad, aunque continúa trabajando en la industria cinematográfica, a Reeve se le conoce como el incansable abogado de los discapacitados. A través de la Fundación de Parálisis Christopher Reeve, ha obtenido millones de dólares al año para financiar la investigación con el objetivo de encontrar tratamientos más eficaces y posibles curas para lesiones de médula espinal y otras lesiones catastróficas.

Reeve también apoya los seguros por invalidez.

–Sé lo rápido que puede cambiar la vida de una persona y la importancia que tiene asegurar la seguridad financiera de una familia –explica Reeve–. Por este motivo estoy muy preocupado por el hecho de que el 60% de los norteamericanos no tenga ningún tipo de seguro por invalidez a largo plazo. Como consecuencia, demasiada gente está en peligro.

Reeve tiene razón. Aunque existe más gente que tiene un seguro de vida que uno por invalidez, las posibilidades de enfermar o lesionarse son mucho mayores que las de morirse prematuramente. Sin un seguro por invalidez están jugando a la ruleta rusa con su renta.

Fíjense en las siguientes estadísticas. En un año...

- Una de cada 106 personas morirá.

- Una de cada 88 casas se quemará.

- Uno de cada 70 coches se verá involucrado en un accidente importante.

Pero...

Uno de cada 10 personas tendrá que enfrentarse
a una discapacidad grave.

Esto significa que el golpe más importante que podrían recibir para no hacerse ricos puede ser el riesgo de enfrentarse a una lesión grave o a una enfermedad. Y cuanto más jóvenes son, mayor es el riesgo que corren.

A parte de su salud, su renta es posiblemente el activo más importante que poseen. Perderla sería como perder sus principales medios de seguridad financiera. Por este motivo, todos necesitamos un seguro por invalidez.

¿Cuánto seguro por invalidez se necesita?

El seguro por invalidez no está diseñado para que se hagan ricos. Como en el caso del seguro de vida, es un plan de protección para su poder adquisitivo actual. Idealmente, además, una póliza por invalidez adecuada sería una que les pagara el equivalente del salario neto que perderían si uno de los dos sufriera una discapacidad.

La mayoría de los planes por invalidez ofrecen un beneficio que equivale al 60% de la renta bruta (o antes de pagar impuestos) del propietario de la póliza. Esto puede parecer que no es mucho, pero si pagan ustedes mismos la póliza por invalidez, cualquier beneficio que obtengan de ella será libre de impuestos, por tanto, el 60% de sus ingresos brutos probablemente será suficiente para mantener su nivel de vida. (Después de todo, el 60% de la renta bruta es lo que la mayoría de gente lleva a su casa.)

En el caso de que su empresa les pague el seguro por invalidez, los beneficios que obtengan serán gravables. Esto significa que si la póliza sólo les paga el 60% de su renta bruta, se quedarán un poco cortos. En realidad, cuando hayan pagado los impuestos de los beneficios por su discapacidad, es probable que se encuentren con sólo una fracción del salario neto normal. Para protegerse de esto, deberían considerar la posibilidad de comprar una póliza adecuada.

No presupongan que tienen un seguro por invalidez

Hay mucha gente que por error presupone que obtienen una cobertura por invalidez de su empresa automáticamente. Pero no lo hagan. Si uno de los dos miembros de la pareja trabaja en una empresa, lo primero que debe hacer es comprobar, mirando los documentos o llamando a la empresa, si tiene un seguro por invalidez. Si no lo tiene, debería averiguar si lo puede obtener y empezar a aplicar el proceso inmediatamente. Si los dos son autónomos y actualmente no tienen un seguro por invalidez, deberían convertirlo en una prioridad.

Deberían obtener este seguro mientras continúan teniendo salud. Por alguna razón, la gente siempre aplaza este tema hasta que les sucede algún accidente antes de que hayan empezado a tener cobertura. Pero en ese momento ya es demasiado tarde. Y no crean que pueden engañar a la compañía de seguros con pequeñas mentiras en la solicitud de la póliza. Afirmar que están sanos cuando no es cierto, o afirmar que no fuman cuando sí lo hacen, no es tan sólo inmoral sino que además no tiene sentido. Las compañías de seguros harán todo lo que puedan para evitar tenerles que pagar unos beneficios, hasta pueden alquilar a un investigador privado que los vigile. Créanme: si afirman algo en los documentos de solicitud que no es cierto, lo descubrirán y cancelarán su póliza. (Y no le devolverán las primas.)

Preguntas que deben formular antes de firmar el seguro

1. **¿El plan por invalidez es conservable y está garantizada su renovación?**
   Si compran una póliza a través de su empresa, deben asegurarse de que pueden llevarse la póliza cuando dejen la empresa. También deben tener una póliza que les garanticen que es renovable; no hay mayor engaño que una empresa de seguros que cambia sus requisitos cada año. Así es como una mala compañía de seguros evita tenerles que pagar cuando hacen una reclamación.

2. **¿Bajo qué circunstancias les pagarán la póliza?**
   Concretamente, necesitan saber si la póliza les cubrirá si no pueden realizar más el trabajo que hacen en ese momento, o si sólo les pagarán si quedan incapacitados para realizar cualquier trabajo. En la industria de los seguros, se conocen como coberturas por «ocupación propia» y por «cualquier ocupación» respectivamente. Asegúrense de comprar una póliza por ocupación propia. ¿Por qué? Lo entenderán mejor con un ejemplo. En mi caso, me gano la vida hablando por teléfono, reuniéndome con los clientes

y hablando en los seminarios. Si perdiera la voz y no pudiera hablar, no podría cumplir con los objetivos de mi trabajo. Pero si no tuviera una cobertura por ocupación propia, la compañía de seguros podría decirme: «No pasa nada porque no pueda hablar por teléfono o dar charlas. Hay muchos trabajos que podría hacer como por ejemplo excavar fosos. Como consecuencia, no vamos a pagarle los beneficios por invalidez.» Con una cobertura por ocupación propia no podrían decirme esto. Este tipo de cobertura es más caro, pero mucho más seguro.

3. **¿Cuánto tiempo se necesita para que la cobertura entre en vigor?**
La mayoría de pólizas por invalidez empiezan a pagar beneficios entre los tres y seis meses posteriores a que se hayan declarado discapacitados. La forma más sencilla de reducir los costes de la póliza es aumentando este periodo de espera. Cuanto más dinero tengan en su cesta de seguridad, más tiempo podrán disfrutarlo.

4. **¿Cuánto tiempo les cubrirá la póliza?**
Idealmente, la póliza por invalidez debería pagarles unos beneficios como mínimo hasta que cumplieran los sesenta y cinco años.

5. **¿La cobertura se limita a las discapacidades físicas o también se incluyen desórdenes mentales o emocionales?**
Hoy en día, la mayor causa de discapacidad es el estrés. Sin embargo, no todas las pólizas lo cubren. Si tienen un trabajo muy estresante, asegúrense de que su póliza lo cubra.

Como en el caso de todas las cosas buenas e importantes, existe un inconveniente en los seguros por invalidez. Son muy caros, y por este motivo mucha gente no los tiene. (Como comentó Christopher Reeve, sólo dos de cada cinco personas tienen algún tipo de seguro por invalidez.) La razón de que sean tan caros es que las compañías aseguradoras saben que existen muchas posibilidades de que tengan que pagar las pólizas que han acordado. (Esta razón debería convencerlos de la necesidad de tener una.) En cualquier caso, les recomiendo que primero se pongan en contacto con el departamento de indemnizaciones de su empresa y comprueben si pueden obtenerlo allí. Las pólizas para grupos tienden a ser más baratas y más fáciles de obtener. Si su empresa no lo cubre –o si son autónomos– deben contactar directamente con un asegurador por invalidez.

Preguntas que deben formular antes de firmar el seguro

1. **¿Qué es exactamente lo que cubre la póliza?**
Recuerden que existen varios tipos distintos de coberturas disponibles y que varían según el estado. Asegúrense de que conocen exactamente qué tipo de cobertura les están enseñando antes de firmarla.

2. **¿Cuánto dinero pagará la póliza en beneficios diarios? ¿Se ajustará a la inflación? ¿En qué momento empiezan a aparecer los beneficios y cuánto tiempo durarán?**
Como ya les he explicado anteriormente, puede mantener sus primas bajas pidiendo una deducción mayor. También, es probable que valga la pena pagar un poco más para obtener una cobertura para toda la vida.

3. **¿La póliza contiene una renuncia de primas o tendrán que seguir pagando las primas después de que hayan empezado a recibir beneficios?**
Con esta renuncia, no tendrán que preocuparse por seguir pagando las primas mientras están en una residencia.

4. **¿Existe un periodo de gracia para pagos atrasados?**
Asegúrense de que existe. Sería odioso que se encontraran en una situación en la que han olvidado pagar por accidente y luego descubran que han perdido la cobertura.

5. **¿Existen algunas enfermedades o lesiones que no quedan cubiertas?**
La respuesta debería ser negativa.

En este momento, ya han completado su cesta de seguridad. Durante el proceso, han realizado un esfuerzo importante –mucho más de lo que el 95% de la población ha hecho nunca– para proteger el próspero futuro que les espera a los dos. Ha llegado el momento de pasar del lado de la seguridad de la vida a la parte divertida: construir su cesta de los sueños.

Paso 7

Construir
la cesta de sus sueños

Actualmente, me encuentro en la edad en la que toda la gente que conozco está teniendo hijos. Cuando visitamos a nuestros amigos, tienen las casas repletas de juguetes y de niños «jugando». A menudo, es difícil imaginarse lo que están haciendo exactamente los niños, excepto que están disfrutando de su vida. No tienen que preocuparse por recibos, ni por el trabajo, ni por los pagos de la hipoteca ni por los intereses. Sólo quieren divertirse, jugar todo el día y disfrutar. Su mayor preocupación es saber lo que habrá para comer. A la mayoría, lo que más les gusta es soñar. Para un niño, casi no existen diferencias entre los sueños y la realidad.

Lo que hace que la vida de los niños sea tan especial (y hace que muchas veces deseemos volver a ser niños) es que sueñan a cada momento, y tienen sueños grandes. No necesitan seminarios motivadores en los que les expliquen que necesitan soñar en lo que quieren hacer con sus vidas. Pregúntenles a algunos niños que quieren hacer cuando sean mayores y no tardarán en responder. Les explicarán cosas increíbles. Cuando yo era pequeño, le contaba a todo el mundo que quería ser piloto de coches. Esto es lo que hace que la vida sea tan divertida para los niños: se imaginan que pueden ser y hacer todo lo que quieran.

A mi entender, una de las cosas más tristes de hacerse mayor es que se hace muy fácil dejar de soñar. Es muy fácil dejar de «actuar como un niño» y empezar a ser realista. Es muy fácil aceptar la vida como es, sentir que lo que uno tiene y lo que está haciendo es mucho más de lo que podría o debería esperar del mundo.

No les estoy sugiriendo que no estén contentos con lo que tienen y con los progresos que han hecho en la vida. Todo lo contrario; creo que es muy importante ser agradecido por lo que el mundo le ha ofrecido a cada uno. Lo que les estoy diciendo es que en el fondo de su corazón usted y su pareja guardan muchos sueños sin cumplir. Hay cosas que los dos querrían hacer o ser pero que han guardado en un lugar privado y las han olvidado. O mucho peor, no han olvidado estos sueños; han renunciado a la posibilidad de llegarlos a conseguir.

La razón número uno por la que la gente deja que sus sueños no se cumplan –el motivo por el que los han dejado en un lugar privado, acumulando polvo– es el dinero. Ésta es la verdad, pura y dura. La gente deja de soñar porque no tienen dinero para hacer que sus sueños se hagan realidad. En este capítulo, les voy a mostrar cómo cambiar esta situación.

Ha llegado el momento de volver a soñar

Vamos a reconocerlo: casi todo el mundo quiere divertirse y hacerse rico. La afición nacional no es el fútbol, es jugar a la lotería. Millones de ciudadanos compran lotería cada semana, se gastan regularmente un dólar o dos (o cinco) con la esperanza de ganar el bote. ¿Por qué? Porque en el fondo creen que si toca su número, podrán volver a ser como niños y empezar a vivir sus sueños.

Evidentemente, las posibilidades de que esto ocurra son tan ínfimas que es inimaginable. Tienen más posibilidades de que los parta un rayo que de ganar el bote. Pero no se preocupen. La razón por la que mucha gente juega a la lotería, mira esos concursos «millonarios» en la TV o va a trabajar para empresas de nueva creación que les pagan en opciones de compra de acciones en vez de con dinero es porque todos quieren ser capaces de tener grandes sueños.

Tener grandes sueños es la clave de la felicidad, es revitalizador, divertido. ¿Pueden recordar el momento de su vida en que solían tener grandes sueños? ¿Cuándo querían que se cumplieran algunas cosas y no tenían miedo de hablar sobre ellas? ¿Recuerdan lo que se sentía cuando no tenían tanta «responsabilidad»? ¿Cuándo no estaban consumidos por la renta, la carrera, la familia, las facturas y la realidad? ¿Cuándo se aburrían menos?

Sean sinceros. Muchos adultos se vuelven aburridos cuando se hacen mayores. Es fácil aburrirse. Nos estancamos y dejamos de «jugar». Bueno, durante los siguientes minutos, quiero que simplemente «jueguen». No sean realistas. No actúen como adultos. Imagínense que vuelven a ser niños y que pueden hacer todo lo que quieran, divertirse. ¿Qué les gustaría hacer? ¿A quién les gustaría imitar? ¿Qué harían usted y su pareja juntos?

Aprender cómo conseguirlo

En el tercer paso, les he hablado sobre la fijación de objetivos. Pero no es lo que vamos a exponer en este capítulo. Ahora no nos vamos a centrar en cómo obtener más dinero, cómo perder peso o cómo organizarse. Lo que nos interesa en este momento es saber cómo conseguirlo. Cómo hacer que todo lo que usted y su pareja quieren realizar sea totalmente divertido, alocado y escandaloso. ¿Quieren realizar un viaje por todo el mundo? ¿Ir a probar el vino a la Toscana? ¿Nadar con los delfines en Hawai? ¿Construir la casa de sus sueños con una cocina de ensueño? ¿O a lo mejor su sueño es una «cueva» con una televisión de cincuenta pulgadas, un bar y una mesa de billar?

No sé cuál es su sueño. Pero lo que sí sé es que, como pareja, tienen que merecerse soñar juntos, y ya ha llegado el momento de empezarlo a hacer.

Entender lo que comporta

Una de las cosas más importantes que he aprendido en toda mi vida es que casi nada es posible si sólo se planea. Como ya les he explicado en capítulos anteriores, la clave para realizar sus objetivos es hacerlos específicos y medibles. Deben escribirlos y luego observar su progreso hacia ellos. Esto también se puede aplicar a los sueños y a otras muchas cosas.

En realidad, hay muchos sueños que no implican dinero, simplemente necesitan planificación. Pero la mayoría comportan un gasto de dinero y, teniendo esta idea presente, les voy a explicar cómo aprender a crear la cesta de los sueños que les permitirá pagar los suyos.

Me gustaría que empezaran por este punto. Supongamos que no están leyendo el libro los dos a la vez. En primer lugar, quiero que cada uno de ustedes cree una lista con sus sueños. Pueden utilizar el formulario de los sueños que se encuentra a continuación para hacer una lista con sus cinco sueños más importantes. Luego, pídanle a su pareja que haga lo mismo. (En el Apéndice hay más formularios.)

Cuando hayan terminado su lista individual, intenten realizar conjuntamente una lista con los sueños de ambos, en la que vamos a centrarnos. No existe nada que fortalezca más un matrimonio o una relación de pareja que tener un «plan para los sueños» realizado conjuntamente, como un equipo. Para asegurarse de que esto sucede, les sugiero que dediquen una cantidad de tiempo concreta para hacer este ejercicio. Pueden planear una cita con su pareja y pasar al menos media hora escribiendo sus cinco sueños más importantes, primero los individuales y después los de la pareja.

Esto es importante. No pueden esperar al final del día, cuando hayan acabado de cenar o cuando los niños ya estén durmiendo, para decirle a su pareja: «¿Cuáles son tus sueños? Vamos a escribirlos.» Los sueños personales son demasiado importantes como para enfocarlos de una forma tan casual. Deben tomárselos en serio. Elijan un día y anótenselo en la agenda... y háganlo cuanto antes.

DISEÑAR Y PONER EN ACCIÓN EL FACTOR DE LA DIVERSIÓN

PASOS:
- En esta página, tienen que hacer una lista con sus cinco sueños más importantes. Deberían ser objetivos orientados hacia la «diversión», cosas que los hacen sentir emocionados y convierten su futuro en algo feliz que esperar.
- En la página siguiente, deben especificar más estos sueños:
- Hagan una lista con sus cinco sueños más importantes.
- Háganlos específicos, medibles y probables.
- Hagan una lista de las acciones inmediatas que deberían llevar a cabo en las 48h siguientes.
- Incluyan la persona con la que querrían compartir el sueño.
- Establezcan qué valor les ayudará a cumplirlos.
- Establezcan cuánto dinero les costará cada sueño.

No caigan en el tópico «Yo no tengo ningún sueño»

Constantemente me quedo asombrado de la manera en que la gente intenta evitar el hecho de mejorar sus vidas. Por ejemplo, me he encontrado con gente que me pregunta:

—¿Qué pasa si yo no tengo ningún sueño?

Siento decirles que la única forma posible de no tener sueños es estar muerto. La gente que está muerta no tiene sueños. El resto sí que los tiene. Lo que ocurre es que en muchos casos han dejado que el «músculo de los sueños» se atrofie porque no están acostumbrados a utilizarlo.

Si éste es su caso, vuelvan a moldear el músculo de los sueños de la misma forma que trabajan el resto de músculos del cuerpo. Es decir, no empiecen intentando levantar la pesa más pesada de todo el gimnasio. Empiecen por un sueño pequeño... como plancar una salida romántica de fin de semana para su pareja y usted —a algún lugar que no esté muy lejos y que no sea demasiado caro. No tiene que ser nada espectacular. Simplemente se trata de que usted y su pareja escriban en un papel un sueño que ambos quieren realizar y después financiarlo. En esto consiste el proceso para construir la cesta de sus sueños.

Por cierto, aunque no estén completamente convencidos de cuál es su sueño, empiecen financiándolo. La razón es muy sencilla: tarde o temprano sabrán cuál es y en ese momento se sentirán contentos de haber empezado a guardar el dinero que necesitarán para hacerlo realidad.

Llenar la cesta de los sueños... la importancia de una «inversión sistemática»

Cuando ya tengan escritos los sueños, tienen que responder a la pregunta: «¿Por qué invertimos?» Mucha gente no se preocupa por cambiar sus hábitos de gastar el dinero o por empezar a ahorrar sencillamente porque no parece que su futuro sea una motivación suficiente. Pero no hay nada más influyente y motivador que un sueño.

En este momento ya saben cuáles son sus sueños. Con un poco de suerte, la idea de realizarlos hace que los dos se sientan emocionados.

La pregunta siguiente es cómo van a pagarlos. La respuesta es sencilla. Necesitan crear un plan de inversión sistemático que sólo esté centrado en financiar sus sueños.

A este proceso lo denomino llenar la cesta de los sueños. A continuación, les explicaré todo lo que deben poner en él. Del mismo modo que se han asegurado el futuro decidiendo pagarse ustedes primero un porcentaje fijo de su renta para su cesta de la jubilación, ahora van a financiar sus sueños comprometiéndose a pagar un porcentaje fijo adicional de su renta que lo destinarán a la cesta de los sueños.

La clave para realizar este trabajo es financiar la cesta de los sueños sobre una base regular. Esto es lo que en la industria de la inversión se denomina «inversión sistemática». Con un plan de inversión sistemático, se comprometen a colocar una cantidad concreta de dólares en una inversión determinada cada mes o cada semana —o en algunas ocasiones cada día. Hoy en día, como resultado de los avances tecnológicos, muchos fondos de inversión les permitirán realizar unas inversiones sistemáticas de cómo mínimo 50 dólares al mes. (Algunos fondos de inversión, que requieren una inversión mínima de entre 500 dólares y 2.000 dólares, les permitirán dejar de lado este mínimo si se comprometen con un plan de inversión sistemático.)

Cuando hayan creado este plan, la sociedad de inversión o la compañía de fondos de inversión les deducirá automáticamente una cantidad de dinero predeterminada a partir de su cuenta corriente o de ahorros en una fecha concreta. Lo que hace que este tipo de plan funcione es el aspecto automático. No se engañen creyendo que ustedes van a tener suficiente autodisciplina como para escribir manualmente un cheque cada dos semana y enviarlo. Ya llevo muchos años ayudando a la gente a gestionar su dinero y les puedo asegurar de primera mano que ni los inversores más disciplinados consiguen ligarse a un plan de inversión sistemático que no sea automático.

Nunca he estado tan emocionado por el concepto de financiar una cesta de sueños como en la actualidad porque nunca ha sido tan fácil. No sólo existen más fondos de inversión disponibles para casi todos los inversores a través de inversiones sistemáticas, sino que Internet ha convertido el proceso de invertir pequeñas cantidades de dinero en uno increíblemente conveniente. Como podrán comprobar, lo mejor de financiar la cesta de los sueños de esta forma es que a medida que el valor de sus inversiones aumenta, sus sueños empiezan a hacerse más reales y posibles, y ustedes empiezan a sentirse más emocionados y motivados que nunca.

¿Cuánto dinero se necesita?

La cantidad con la que deben contribuir en la cesta de sus sueños depende totalmente de ustedes. Les sugiero que empiecen aportando como mínimo el 3% de su renta después de pagar los impuestos. Es decir, antes de pagar los recibos, destinarán como mínimo un 3% de su salario neto a la cesta de los sueños. ¿Por qué el 3%? Porque la mayoría de gente –incluso aquellos que van a evitar enfrentarse a este concepto porque les da miedo soñar– pasará un mal rato aduciendo que no puede ahorrar un 3% adicional de su renta.

Si lo hacen automáticamente antes de pagar los recibos, se sorprenderán de lo rápido que este procedimiento pasa a formar parte de su rutina –y lo rápido que el dinero empieza a acumularse. Si resulta que a su pareja le da miedo soñar, empiecen colocando un 1% de su renta en la cesta de los sueños, pero fíjense como objetivo incrementar la cantidad en otro 1% en los siguientes seis meses. Si repiten esta acción cada seis meses, pasados dos años estarán ahorrando el 4% de su renta para sus sueños, y casi no lo habrán notado.

Exactamente, ¿cómo se debe invertir el dinero de la cesta de los sueños?

Existen mil formas diferentes de invertir. Pueden comprar acciones y títulos individuales, certificados de depósito, productos básicos o acciones preferentes, pueden adquirir oro o plata, o piezas de arte o sellos. Pueden comprar acciones en fondos de inversión. La lista puede ser interminable.

Como hay tantas posibilidades de inversión, la gente a menudo no sabe qué hacer. Por consiguiente, no hacen nada. Cuando se trata de financiar la cesta de los sueños, no me gusta impresionarlos tanto que ustedes se encuentren incapacitados para realizar una acción inmediata. Tampoco quiero asustarles por la cantidad de dinero que se les puede pedir que inviertan. Por tanto, teniendo estos factores en mente, voy a sugerirles que financien la cesta de sus sueños invirtiendo en fondos de inversión.

¿Qué es concretamente un fondo de inversión?

Una de las cosas más interesantes y preocupantes que he descubierto a lo largo de los años es que mucha gente invierte en fondos de inversión sin saber lo que son. No se creerían algunas de las respuestas que me han dado cuando les he preguntado a los asistentes a mis seminarios qué creían que era un fondo de inversión. La gente responde cosas como «son grandes valores», «es una inversión segura», «valores especiales», «son productos que suelen ofrecer los bancos para ayudar a la gente a comprar acciones», «es una reserva donde se pueden colocar las acciones», etc.

Para que les quede bien claro, les voy a facilitar la definición de lo que es un fondo de inversión, según Charles Schwab un fondo de inversión es como una compañía de inversión que acumula el dinero de muchos inversores y compra diferentes títulos (como acciones y bonos). Los inversores que poseen acciones del fondo de inversión obtienen automáticamente el beneficio de una cartera diversificada sin tener que comprar inversiones individuales.

¿Por qué tiene sentido invertir en fondos de inversión?

En mi opinión, existen seis motivos claves por los que deberían invertir el dinero de la cesta de sus sueños en fondos de inversión.

1. **Es fácil invertir en ellos.** Como ya les he explicado anteriormente, hoy en día muchos fondos de inversión les permiten que inicie un programa de inversión sistemática con tan sólo 50 dólares al mes. Pueden fijarlo, a menudo, sin ningún coste, a través de un asesor financiero o directamente a través de una compañía de fondos de inversión.

2. **Ofrecen una diversificación instantánea.** Aunque inviertan una cantidad tan pequeña como 50 dólares al mes, inmediatamente disfrutarán de un interés en una cartera que puede incluir centenares de acciones y bonos.

3. **Ofrecen una gestión del dinero profesional.** La gente que se dedica a los fondos de inversión son auténticos profesionales que tienen una experiencia y una capacidad increíble en el trabajo. Esto incluye investigación profesional y ejecución comercial.

4. **Son coste eficiente.** Según el servicio de valoración Morningstar, las tasas medias que se cobran por la gestión de los fondos de inversión son de un 1,40% de los activos gestionados. Probablemente, terminarían pagando más dinero si intentaran comprar y gestionar una cartera de acciones individuales y bonos por su cuenta.

5. **Son líquidos y fáciles de controlar.** La mayoría de los fondos de inversión se valoran cada día y se reflejan en el periódico al lado de los cuadros de las acciones. Por tanto, pueden descubrir fácilmente cuál es el comportamiento de su inversión, cada día si quieren. Y la mayoría de fondos de inversión permiten que retiren el dinero en menos de cinco días a partir de la notificación.

6. **Son aburridos.** Como son tan diversificados, el precio de los fondos de inversión no fluctúa tanto como el de las acciones individuales o los títulos. Mucha gente considera que esta falta de volatilidad es aburrida. Pero por lo que sé, en el mundo de las inversiones el aburrimiento es bueno.

Ahora que ya han comprendido que los fondos de inversión son una buena opción, deben considerar cuál es el tipo más conveniente para ustedes. Existen, después de todo, más de 13.000 fondos de inversión entre los que elegir. Para facilitar las cosas, voy a sugerirles qué tipo de fondos de inversión utilizaría personalmente para financiar la cesta de mis sueños. La única variable real es el factor temporal; es decir, cuánto tiempo creen que tardarán los dos en acumular todo el dinero que necesitan para financiar su sueño particular.

Para sueños a corto plazo (menos de dos años)

No hay nada tan sencillo como esto. Si están ahorrando para realizar un sueño a corto plazo, como ir de vacaciones o hacer reformas en la cocina –algo que puedan conseguir en dos años o menos–, necesitan invertir de una forma conservadora y mantener el dinero líquido (es decir, fácilmente accesible).

En mi opinión, sólo existe una inversión importante que reúne estas características: deberían poner su dinero en una cuenta corriente de inversión. Ya les he hablado de estas cuentas en el sexto paso como la alternativa inteligente a las cuentas corrientes bancarias habituales. En este caso, no necesitan la característica de cuenta corriente porque no van a utilizar este dinero hasta que no hayan realizado su sueño. Por eso, lo que ustedes pueden necesitar es lo que denominamos una cuenta de «vainilla natural», o sea, que no tiene nada especial.

Una cuenta corriente de inversión es un fondo de inversión que típicamente invierte en títulos del gobierno muy líquidos, muy seguros y a corto plazo. Como les he explicado con anterioridad, las cuentas corrientes de inversión se pueden abrir en la mayoría de sociedades de inversión con unos depósitos iniciales pequeños. De hecho, en muchos casos, si establecen un plan de inversión automático, pueden financiarlas con poco dinero al mes.

Estas cuentas no son sólo increíblemente seguras (que yo sepa, nunca ha habido un impagado), sino también bastante estables. En los últimos años, por lo general han ofrecido un tipo de interés medio anual de entre un 4,5% y un 7%. En muchos casos, pueden encontrar cuentas corrientes de inversión que pagan lo mismo o más que los certificados de depósito a dos años. Además, las cuentas corrientes de inversión son líquidas, lo que significa que pueden retirar los fondos en cualquier momento sin tener que pagar ninguna penalización.

El peor lugar en el que pueden obtener una cuenta corriente de inversión es en un banco normal. Los bancos pagan los tipos más bajos e intentarán persuadirlos para que compren certificados de depósitos. No se dejen engañar. El lugar adecuado para abrir una de estas cuentas es o bien a través de una sociedad de inversión nacional o una entidad importante on-line, o bien directamente a través de una compañía de fondos de inversión. Esta acción es tan sencilla que no les costará más de quince o veinte minutos.

Si todavía no tienen un asesor financiero, abrir una cuenta corriente de inversión puede ser una buena forma de empezar a relacionarse con uno. Pueden pedir las referencias a algún amigo suyo o pueden visitar la oficina local de una compañía importante de inversión y pedir una cita con un asesor. Explíquenle que están interesados en abrir una cuenta corriente de inversión y que les gustaría establecer un plan de inversión sistemático para financiarla. Por cierto, en estas cuentas no hay comisiones por lo que no tendrán que preocuparse por lo que cuesta fijar una.

Para sueños a medio plazo (entre dos y cuatro años)

En el caso que sus sueños se encuentren entre este periodo temporal las cosas se complican un poco. Si son muy conservadores y no quieren arriesgar el dinero de sus sueños, les recomiendo que se conformen con un fondo de renta fija a corto plazo. Sin embargo, si están buscando algo más que unos beneficios –y pueden soportar un poco más de riesgo– deberían tener en cuenta lo que se denomina fondo equilibrado.

Los fondos de renta fija a corto plazo invierten en títulos del gobierno a corto plazo, sobre todo letras del Tesoro con vencimientos que se sitúan entre seis meses y cuatro años. Este tipo de fondos son muy seguros, relativamente estables (es decir, el precio no fluctuará demasiado) y generalmente ofrecen unos beneficios anuales un 1% más elevados que las cuentas corrientes de inversión. Como estos fondos ofrecen una diferencia tan pequeña respecto a estas cuentas, es difícil sentirse entusiasmado por ellos.

Los fondos equilibrados son fondos de inversión que invierten en acciones y bonos. Un fondo típico tendrá entre un 60% y un 70% de sus activos en acciones y el resto en bonos. Como son tan diversificados, este tipo de fondos son menos arriesgados que los fondos de acciones puros. Típicamente un fondo equilibrado generará un 85% de los beneficios que obtendrían de una inversión similar en el mercado de valores. De hecho, durante los últimos veinte años, estos fondos han generado unos beneficios anuales de un 11%.

Comparar los fondos equilibrados con los fondos de acciones ordinarios es como comparar una tortuga con una liebre. Los primeros son lentos y fijos, pero les llevarán hasta donde quieran. Éstas son, sin duda, mis inversiones favoritas «para empezar».

Sueños a largo plazo (entre cuatro y diez años... o incluso más tiempo)

Cuando tengan unos sueños para los que van a tardar más de cuatro años en ahorrar el dinero necesario para realizarlos, deberían considerar la opción de colocar el dinero de la cesta de los sueños en inversiones orientadas al crecimiento. Como tendrán más tiempo, pueden permitirse arriesgarse más para obtener mayores beneficios. En mi opinión, esto implica invertir en fondos de inversión basados en acciones.

¿Por dónde deben empezar?

En mi opinión, deberían empezar colocando el dinero de la cesta de sus sueños a largo plazo en un fondo en índices. Son sencillos, no muy caros, fáciles de fijar y dan buenos resultados. ¿Qué más podrían pedir?

La razón principal por la que la inversión en los índices se ha hecho tan popular es que cuesta menos que invertir en otro tipo de fondos. Además, los fondos en índices ofrecen unas ventajas fiscales reales.

Una nueva clase de fondos en índices

En los últimos años, se ha ido haciendo más popular una nueva clase de fondos en índices. Conocidos como fondos negociables en bolsa, básicamente son fondos que se comercializan como acciones en el American Stock Exchange, lo que significa que se pueden comprar y vender durante las horas en que funciona la bolsa como se puede hacer con las acciones comunes. Lo que hace que estos fondos sean tan emocionantes para los inversores es que son increíblemente líquidos, beneficiosos desde el punto de vista fiscal y extremadamente baratos. Los fondos negociables en bolsa medios tienen un coeficiente de gasto de un 0,20%. Y la mayoría de estos fondos se venden a menos de 100 dólares la acción. ¿Cómo puede ser que sea tan fácil la inversión y tan diversificada con tan poco dinero?

Los fondos negociables en bolsa se pueden comprar a través de cualquier sociedad de inversión o a través de una compañía de comercio on-line. A medida que pase el tiempo, espero encontrar cada vez a más inversores y asesores financieros (incluyéndome a mí) que construyan carteras con una combinación de estos fondos y de fondos activos.

Dar movimientos más allá de la fase de iniciación

Los fondos equilibrados y los fondos en índices son buenos puntos por los que empezar, pero cuando la cesta de los sueños ya ha alcanzado un tamaño considerable –es decir, cuando contiene 50.000 dólares o más– es el momento en que los dos deben considerar la opción de construir una cartera diversificada de fondos de inversión. Para mí, una cartera diversificada es una que contenga acciones de entre cuatro y diez fondos diferentes.

Hoy en día, uno de los errores más grandes que comenten los inversores es que invierten en demasiados fondos de inversión diferentes. En el Grupo Bach, a veces nos encontramos con carteras en las que la gente ha acumulado acciones de veinte o más fondos. Esto es una exageración. Esa situación se suele producir cuando alguien se suscribe a una revista de inversiones. Cada vez que la revista recomienda un nuevo fondo, ellos invierten en él. El resultado es lo que yo denomino una cartera redundante (es decir, tienen demasiadas inversiones que cumplen básicamente la misma finalidad). El problema es que suele reducir sus beneficios.

Construir su cartera sobre los fondos centrales

Soy un gran partidario de construir una cartera que consista en lo que denomino fondos de inversión centrales. También soy de la filosofía que la clave para una inversión con éxito es mantener el proceso relativamente sencillo y simple. Teniendo esto presente, he elaborado una lista con los seis tipos de fondos que creo que deberían considerar al construir una cartera de fondos de inversión. Están ordenados por orden de riesgo, de los que considero más conservadores a los más agresivos.

Fondos con gran valor de capitalización. Un fondo con gran valor de capitalización invierte en empresas con grandes capitalizaciones de mercado, es decir, empresas cuyas acciones en circulación tienen un valor en el mercado de 5.000 millones de dólares o más. Las empresas de esta magnitud tienden a ser más seguras y estables que la mayoría, y como norma pagan dividendos trimestrales a sus accionistas. El «valor» que aparece en el nombre refleja la estrategia básica que este tipo de fondos persigue. El gestor de un fondo de este tipo busca valores que se vendan a múltiplos de la relación precio-beneficio. (Esto es una forma bonita de decir que estos fondos se invierten en empresas sólidas cuyas acciones se estén vendiendo por debajo de su precio.) Invirtiendo en este tipo de acciones, pueden obtener beneficios consistentes con una volatilidad relativamente baja. A pesar de que soy un gran admirador de la inversión de valores, tengo que admitir que en los últimos años no ha sido fácil acercarse. De hecho, mucha gente considera que la estrategia está un poco anticuada ya que los valores habituales no pueden competir con la nueva tecnología, las acciones de la «nueva economía». Personalmente, creo que esta opinión es simplista. En mi opinión, cada cartera debería contener algunos valores habituales.

Fondos con gran crecimiento de la capitalización. Este tipo de fondos invierte en lo que se conoce, habitualmente, como «acciones de crecimiento». Buscan acciones con un valor en el mercado mayor que 5.000 millones de dólares. Típicamente, las acciones de crecimiento no pagan dividendos porque las empresas en crecimiento prefieren invertir sus beneficios en investigación, desarrollo y expansión. Algunos ejemplos de este tipo de empresas son Microsoft, Oracle, Yahoo, Home Depot, Dell Computers, Intel y Amazon.com. En los últimos años, las acciones con gran crecimiento de capitalización han superado prácticamente todas las otras categorías de inversión, produciendo unos grandes beneficios por los fondos que se invierten en ellas.

Fondos de capitalización media. Este tipo de fondos invierte en empresas medianas, es decir, las que tienen una capitalización de mercado de entre 1.000 y 7.000 millones de dólares. Estas empresas suelen ser nuevas compañías que esperan convertirse algún día en fondos con gran crecimiento de capitalización. El potencial de los beneficios es importante, pero también arriesgado. En los últimos años, estos fondos han roto las previsiones, aumentando en valor a una media de más de un 30% al año. Por tanto, aunque encuentren mucha volatilidad en este sector, creo que la mayoría de carteras se benefician de tener alguna exposición a las acciones de capitalización media.

Fondos de capitalización pequeña. Es difícil clasificar este tipo de fondos porque algunas nuevas empresas pequeñas se hacen públicas hoy en día sin ganancias y de repente, de la noche a la mañana, su capitalización de mercado puede aumentar hasta 1.000 millones de dólares o más. Típicamente, estos fondos invierten en empresas con una capitalización del mercado que varía entre 250 millones de dólares y 3.000 millones. Esto refleja un planteamiento muy agresivo, que potencialmente puede producir grandes beneficios. La inversión en fondos de capitalización pequeña es como apostar con la liebre en vez de por la tortuga. Cuanto más jóvenes sean —que es como decir que tendrán más tiempo de recuperarse de una posible bajada en el mercado de valores— más pueden permitirse invertir por esta vía. Debido a su riesgo, no les recomiendo invertir más del 25% de sus activos en este tipo de fondo.

Fondos internacionales o globales. Como el propio nombre indica, estos fondos invierten en acciones de países extranjeros. Mientras que un fondo internacional sólo puede invertir en acciones extranjeras, uno global suele tener un 60% de sus activos invertidos en el extranjero y el 40% restante puede ser en acciones nacionales. Si sólo invierten en acciones nacionales, están perdiendo muchas oportunidades. En el Grupo Bach, acostumbramos a recomendar que los inversores mantengan un 10% o un 15% de su cartera fondos de inversión internacionales o globales. Si la economía europea empieza realmente a despegar, podrían querer aumentar este porcentaje, pero, por ahora, yo no invertiría más del 10% o el 15% de los activos en este tipo de fondo.

Fondos tecnológicos. He incluido esta categoría porque todo el mundo quiere invertir en tecnología actualmente, y en esto consisten estos fondos: específicamente se centran en empresas orientadas hacia la tecnología. Aunque soy partidario de la tecnología, el fenómeno de lanzarse a invertir en acciones de alta tecnología que se ha producido en los últimos años me hace sentir reacio a recomendarles una inversión demasiado importante en este sector (no más del 30% de su cartera).

De hecho la mayoría de los fondos anteriores tendrán como mínimo un 20% o un 30% de sus participaciones en acciones tecnológicas, por tanto, no tienen que invertir necesariamente en un fondo tecnológico para invertir en este sector.

COMPORTAMIENTO MEDIO DE LOS FONDOS
Durante el periodo: 31 de diciembre de 1984 – 31 de julio de 2000

Cartera de inversores	Beneficios anuales medios durante este período
Tecnología/Comunicaciones	22,31%
Índice industrial Dow Jones 30	18,27%
Fondos de capitalización media	17,75%
Fondos de crecimiento de pequeñas empresas	16,06%
Índice de los fondos de inversión de crecimiento	16,36%
Índice de los fondos de crecimiento y sociedades anónimas	14,67%
Índice de los fondos de inversión internacionales	15,98%
Fondos globales	14,65%
Índice de los fondos de inversión equilibrados	12,48%
Índice de los fondos de renta fija de alto rendimiento	9,15%

Con 13.000 fondos entre los que elegir, ¿cómo van a saber cuáles son los adecuados para ustedes?

Seamos realistas, hasta las inversiones en fondos de inversión se han vuelto muy complicadas en los últimos años. Existen demasiados tipos diferentes de fondos (más de 13.000 en el último recuento). La publicidad les invita a actuar; los libros, las revistas, páginas web, programas de televisión les ofrece sus propias sugerencias para elegir un fondo de inversión. Todo esto es suficiente para que una pareja inteligente se sienta confundida y, por eso, decida no realizar ninguna acción.

Existen algunas empresas que les permiten invertir tan sólo 50 dólares al mes. Estas también pueden asesorarlos en la construcción de la cesta de la jubilación (les pueden ayudar a financiar su CJI). Mucha gente les dirá que deberían invertir únicamente en fondos de inversión sin cargos (es decir, que no existen comisiones de venta). Sin embargo, ésta no es mi opinión. Lo más importante cuando se trata de fondos de inversión no es que cobren cargos o no, sino qué fondo concreto encaja mejor con sus necesidades y cuánto tiempo deberían mantenerlo. Hay momentos en que vale más la pena pagar una pequeña comisión para obtener el consejo profesional que aparece en los fondos con cargos. En cualquier caso, como muchos asesores financieros trabajan hoy en día por honorarios (algo que explicaré con más detalle en la página 185), pueden llegar a obtener que no les cobren la comisión de los fondos con cargos.

Fondos de inversión que permiten que inviertan tan sólo 50 dólares al mes

Existen muchos fondos de inversión que les permiten invertir tan sólo 50 dólares al mes. La lista incluye algunas compañías de fondo de inversión conocidas que proporcionan planes de inversión sistemáticos. Con uno de estos planes, pueden gestionar que cada mes se transfiera automáticamente una pequeña cantidad de dinero (pongamos que son 50 dólares) de su cuenta corriente al fondo de inversión (o fondos) que ustedes elijan. Como este proceso se desarrolla de forma automática, no tienen que acordarse de escribir cheques o de la fecha límite. En otras palabras, no podría ser más sencillo. No se necesita ninguna disciplina (excepto asegurarse de tener suficiente dinero en la cuenta corriente para cubrir los pagos mensuales). En realidad, después de los primeros meses lo más probable es que dejen de pensar en ello y de lo siguiente que se darán cuenta es de que la cesta de sus sueños está llena de dinero.

No hace falta que les diga que no deberían invertir nunca en un fondo de inversión sin haberse leído antes su información publicitaria. Y no inviertan en ningún fondo hasta que no hayan obtenido respuestas de su asesor o de la propia compañía de fondos sobre las preguntas que tengan de los riesgos que pueden correr.

Para sueños a muy largo plazo (diez años o más)

Existen sueños a largo plazo y otros a *muy* largo plazo. Supongamos que su sueño es construirse una segunda residencia en Hawai, pero saben que no les será posible hasta que sus hijos hayan terminado la universidad, lo que significa un mínimo de diez años. ¿Dónde podrían guardar el dinero de la cesta de sus sueños mientras tanto?

Renta variable

Pueden tener en cuenta la renta variable. Básicamente, se trata de fondos de inversión con una póliza de seguro añadida, que permite que el dinero en el fondo aumente diferido de impuestos. En este aspecto, las rentas variables son como las CJI, pero con dos ventajas importantes: no existen límites de ingresos para las personas que quieren comprarlos y pueden colocar todo el dinero que deseen.

Ustedes financian una renta variable contribuyendo con dólares después de impuestos, que les permite que aumenten sin que el estado se quede una proporción. Cuando llegan a la edad de cincuenta y nueve años y medio pueden optar por empezar a retirar el dinero. Como en el caso de las CJI, tienen que pagar impuestos sobre la renta, pero sólo sobre la parte atribuible a los intereses ganados. Si retiran el dinero antes de los cincuenta años y medio, tendrán que pagar el 10% de sus ganancias como multa.

¿Parece un buen negocio, verdad? Lo es. Lo más parecido a un inconveniente es que tienen que pagar el añadido a la póliza. Como norma, la tasa del seguro varía entre el 0,5% y el 1% del valor de la anualidad (por ejemplo, si han invertido 100.000 dólares, el seguro les costará entre 500 dólares y 1.000 dólares al año). Mucha gente cree que ésto es un gran inconveniente. Pero yo no estoy de acuerdo con esta idea. En la mayoría de casos, el dinero que se ahorran teniendo sus fondos de crecimiento diferidos de impuestos es superior a los costes extra de las compensaciones.

En mi opinión, ésto no causa preocupación.

(Nota: Ésto no es un sustituto del plan de jubilación. Deberían asegurarse de que la cesta de la jubilación está bien financiada antes de empezar a colocar su dinero en una renta variable.)

El lado negativo de las rentas variables

Los principales inconvenientes de comprar una renta variable son que muchos imponen lo que se conoce como recargos por venta diferido a siete años —una multa que deben pagar si venden su anualidad o si retiran los beneficios antes de los siete años de la fecha de venta. Por tanto, deben asegurarse cuando compran una anualidad de preguntar a los vendedores sobre los recargos de venta. No deberían imponer unos recargos de más del 7% o por un tiempo que no supere los siete años. Como les estoy sugiriendo que se planteen las rentas variables sólo en el caso de que quieran invertir durante diez años o más, los recargos por venta diferidos no deberían ser un problema para ustedes.

¿Qué pasa con la compra de acciones individuales?

Aunque, sin duda, yo prefiero una inversión sistemática en fondos de inversión, hoy en día también es posible hacer lo mismo con acciones individuales. El inconveniente de esta vía es que deben decidir las acciones en las que quieren invertir, y que no existe la misma diversificación inmediata ni la misma gestión del dinero profesional que en el caso de los fondos de inversión. Sin embargo, hay gente que insiste en incluir algunas acciones individuales en sus carteras. Si es su caso, a continuación les explicaré cómo hacerlo.

Una buena forma de invertir sistemáticamente en acciones individuales es empezar lo que se denomina un Programa de Reinversión de

Dividendos (PRD). Esencialmente, los planes PRD permiten que los inversores compren acciones directamente a las empresas que les interesan. Cuando se ha establecido una cuenta, los inversores pueden continuar comprando más acciones sistemáticamente y conseguir que los dividendos que ellos ganen se reinviertan de forma automática, a menudo sin comisiones.

En mi opinión, lo que hace que los PRD sean una buena opción es que un inversor que quiera construir la cesta de sus sueños puede empezar comprando acciones con una inversión de tan sólo 10 dólares al mes. Existen muchas empresas que tienen un mínimo tan bajo y otras que permiten realizar inversiones mínimas de 25 dólares al mes.

¿Cómo se puede fijar un programa de reinversión de dividendos?

Fijar un PRD es bastante fácil. Primero necesitan convertirse en accionistas (es decir, como mínimo deben poseer una parte de una acción). Pueden hacerlo a través de una sociedad de inversión. Actualmente existen algunas empresas que les permiten adquirir la primera acción directamente a través de la empresa. Este tipo de compra directo se denomina «programa de compra directa». Un ejemplo podría ser McDonald's (la primer empresa en la que invertí).

En este capítulo hemos abarcado mucha información. Con todas las recomendaciones que les he hecho para que inviertan el dinero de la cesta de sus sueños, estoy seguro de que deben estar un poco confundidos. Pero recuerden que en realidad no es tan complicado. Principalmente, la inversión inteligente (que es la única que deben realizar las parejas inteligentes) consiste en saber qué pasos hay que seguir y en qué orden.

La realidad es que ser capaz de financiar sus sueños es como abrir una caja fuerte. A no ser que conozcan los números y el orden que siguen, nunca podrán acceder a ella. Sin embargo, con la combinación correcta la caja fuerte más segura del mundo se puede abrir con poco esfuerzo. En este momento, los dos conocen la combinación de su caja fuerte financiera. Utilicen las herramientas que les he proporcionado, en el orden adecuado, y sus sueños se harán realidad.

Paso 8

Aprender a evitar los diez errores financieros más importantes que cometen las parejas

En este paso, nos vamos a centrar en los diez errores más graves que cometen las parejas con su dinero, y a veces con sus relaciones. Aprendiendo cuáles son estos errores, pueden ahorrarse problemas de amor importantes... y mucho dinero. Les advierto que algunos de estos errores les parecerán tan evidentes que es posible que piensen: «Bueno, ya sabía que era una estupidez.» Pero recuerden que saber que algo es una estupidez y no hacerla son dos cosas distintas.

Lo que me gustaría que hicieran con estos diez errores es estudiarlos con atención y hablar sobre ellos. No se sientan culpables si resulta que están cometiendo alguno de ellos. Al contrario, tienen que sentirse contentos por haber aprendido algo nuevo que pueda facilitarles –o crearles– una fortuna. En cualquier caso, la clave consiste en realizar alguna acción. No quiero que se conformen con mostrar su acuerdo y no hacer nada. Si descubren que están cometiendo algún error, corríjanlo. Si encuentran una solución al problema que no se les había ocurrido, empiecen a utilizarla.

ERROR Nº 1
Tener una hipoteca de treinta años.

Las hipotecas de treinta años son probablemente la forma más habitual de financiar una vivienda hoy en día. En mi opinión, también son el único gran error financiero que comete la gente. De hecho, creo que las hipotecas de treinta años son peor que un error. Creo que son una estafa, una estafa escandalosa que han impulsado los bancos y el gobierno en todo el país. Y para empeorar la situación, esta estafa será peor porque actualmente los bancos están empezando a difundir las hipotecas de cuarenta años.

¿Saben cuál es el problema con las hipotecas de treinta años? Muy sencillo. Supongamos que compran una casa con una hipoteca de 250.000 dólares que pagan a lo largo de un periodo de treinta años. Supongamos que el tipo de interés es de un 8% al año. Cuando hayan terminado de pagarla, le habrán dado al banco 660.240 dólares. Esto representa más del doble de la cantidad original del préstamo. ¿Por qué tuvieron que pagar todo este dinero extra? Por supuesto, la respuesta es que, además de pagar los 250.000 dólares principales, también se han visto obligados a pagar al banco 410.240 dólares en intereses.

Plantéense una pregunta sencilla. ¿Los bancos les quieren de verdad? ¿Creen que los trabajadores del banco se levantan cada mañana y se preguntan: «¿Cómo podemos compartir más amor con nuestros clientes? Si dejamos que la gente pague sus hipotecas en un periodo de treinta años, ¿la mayoría de ellos no podría financiar la casa de sus sueños más fácilmente?»

Creo que no. Los bancos hacen negocios por un motivo: para ganar dinero. No es que les guste vender hipotecas de treinta años porque sean una buena opción para ustedes, sino porque ellos obtienen grandes beneficios por ellas.

Pero tengo que confesarles que el gobierno también se beneficia de sus hipotecas de treinta años. ¿Cómo lo hacen? Para empezar, es el gobierno el que decide que los intereses de las hipotecas sean deducibles de impuestos. ¿Piensan que el gobierno se plantea: «Vamos a facilitarles la vida a los ciudadanos permitiendo que deduzcan una buena cantidad de los pagos de la hipoteca»? Quizás, pero de nuevo, yo creo que no.

A lo mejor los expertos del gobierno se han fijado en los números y se han dado cuenta de que animar a la gente a adquirir una hipoteca de treinta años es beneficioso para ellos. Después de todo, si usted y su pareja tienen una hipoteca que han de pagar en treinta años ¿adivinan cuándo creen que se van a jubilar? Lo harán cuando lleguen a los sesenta años, que es precisamente cuando el gobierno *quiere* que se jubilen.

¿Por qué el gobierno no quiere que se jubilen antes, es decir a finales de los cuarenta años o principios de los cincuenta? Porque cuando la gente se jubila, reduce considerablemente la cantidad de sus ingresos y los impuestos de la Seguridad Social que pagan. Como consecuencia, si todos el mundo empezara a jubilarse antes de los sesenta años, el gobierno se encontraría con una crisis de ingresos fiscales.

Por el mismo motivo, el gobierno tampoco quiere que la gente reclame los pagos de la Seguridad Social a los cincuenta años. Ya tienen suficientes problemas para pagar a la gente de sesenta y cinco años. De hecho, dentro de poco querrán que la gente se espere hasta pasados los sesenta años —o incluso hasta los setenta— para empezar a cobrar.

Pero no me malentiendan. No es que esté en contra del gobierno, ni estoy sugiriendo que los bancos estén unidos en una especie de conspiración demoníaca. Sus políticas les dan muy buen resultado. Pero lo que tienen que comprender es que lo que es bueno para ellos no siempre es bueno para ustedes o para mí.

Tomen su hipoteca de treinta años y...

Si ya tienen una hipoteca de treinta años, les sugiero que la conserven. Pueden mantenerla y si quisieran tener otra, posiblemente deberían tener otra de treinta años. En realidad, las hipotecas de treinta años les dan mucha flexibilidad.

En este punto, estoy seguro que están pensando que me he vuelto loco o que ustedes se han saltado por accidente un par de páginas. ¿No iba a contarles lo horribles que son las hipotecas de treinta años? ¿Y ahora les estoy diciendo que deberían mantener la suya e incluso tener una nueva?

Aquí hay un truco. Por todos los medios deberían tener una hipoteca de treinta años, pero bajo ninguna circunstancia deberían tardar treinta años en pagarla. Si lo hacen, sólo estarán gastando el tiempo y el dinero en intereses. Una decisión mucho más inteligente es pagar la hipoteca de treinta años en menos tiempo.

Para poderlo hacer, cojan el registro de los pagos de la hipoteca y revisen a cuánto ascendió el último pago. Ahora añádanle un 10% a esta cifra. La cantidad resultante es lo que pagarán al banco a partir del próximo mes y los siguientes. En otras palabras, si estaban pagando 1.000 dólares al mes, a partir de ahora pagarán 1.100 dólares. Deben informar al banco de este cambio y de que quieren que los 100 dólares extra al mes se apliquen sobre el principal (no sobre el interés).

Si realizan este cambio, terminarán de pagar su hipoteca de treinta años en veintidós años. Si incrementan el pago mensual un 20%, tendrán la hipoteca pagada en dieciocho años (dependiendo del tipo de hipoteca). Es decir, ésta es una idea sencilla que puede ayudarles a ahorrarse decenas –o centenares– de miles de dólares en intereses a lo largo de la vida de la hipoteca.

Si se sienten un poco confundidos con toda esta información, pónganse en contacto con el banco o con una compañía de hipotecas y explíquenles que quieren pagar su hipoteca en menos tiempo que el establecido. Pregúntenles cuánto dinero extra deberían pagar al mes exactamente para pagar la hipoteca en quince, veinte o veinticinco años. Asegúrense de preguntar si existen algunas penalizaciones por pagar la hipoteca en menos tiempo (lo más probable es que la respuesta sea negativa). También pueden pedirles que les envíen esta información por escrito. Lo más probable es que estén contentos de poderlos ayudar y, en cualquier caso, no les costará más que hacer algunos cálculos.

Deberían tener presente una cosa: cuando realicen estos pagos extra de la hipoteca, fíjense atentamente en los informes mensuales. A menudo, los bancos no abonan en cuenta adecuadamente. A mí me ha ocurrido en dos ocasiones con mi propia hipoteca. En una ocasión, habíamos estado realizando pagos extra durante ocho meses, sin que nos abonaran ni un penique sobre el principal. Cuando nos dimos cuenta, el banco nos contestó que habían creído que los pagos extra eran para cubrir los intereses futuros que pudiéramos deber. ¿Se lo pueden creer? Tardamos tres meses en arreglarlo todo. Aprendimos una lección: aunque no estén realizando pagos extra, vigilen su informe hipotecario con mucha atención.

El gran mito de la amortización

Ya me imagino que algunos de ustedes deben de estar pensando que he ignorado uno de los aspectos más importantes a la hora de pagar una hipoteca: el hecho de que los intereses de una hipoteca son deducibles de impuestos.

Lo más probable es que crean que las hipotecas de treinta años son una buena amortización porque algún contable, asesor financiero o un amigo con buenas intenciones se lo han asegurado. Y no es una locura. De media, por cada 100.000 dólares que pagan en intereses hipotecarios, los impuestos se reducen a 28.500 dólares (el 28,5% es el tipo de impuesto federal de un ciudadano medio). ¿Pero esto qué significa? ¿Vale la pena gastarse 100.000 dólares extra en intereses a lo largo de la vida de la hipoteca para ahorrarse 28.500 dólares en pagos de impuestos?

Independientemente, ¿realmente se compraron una casa para que fuera una amortización? Lo dudo. Lo más probable es que hayan comprado una vivienda para tener un lugar donde vivir, amar, crecer y sentirse como en casa.

Además, ¿qué es lo que más les preocupa? Si son como la mayoría de parejas, lo que les preocupará más será pagar las facturas. ¿Y cuál es su mayor factura? Si son propietarios de una vivienda, lo más probable es que sea la de la hipoteca. Ahora imagínense que no tienen que pagarla. La gente suele explicarme que uno de sus valores más importantes es la seguridad. Imaginen la seguridad que tendrían si supieran que la hipoteca está pagada, que poseen una casa. No les importarían los problemas de trabajo o la economía, se sentirían seguros.

Créanme, poseer una casa libre de deudas es un objetivo en el que vale la pena centrarse. Todo lo que necesitan para hacerlo realidad en una década es pagar una cantidad mensual extra de un 10 o un 15%. ¿Y saben qué más ocurre si pagan la hipoteca en quince años en vez de en treinta años? Se podrán jubilar antes, unos siete o diez años antes. Siendo su entrenador financiero, me gustaría que tuvieran en cuenta esta opción.

Teniendo esto presente, deben protegerse de los agentes o de los vendedores de seguros que les sugieran que deberían sacar capital de su casa y que deberían «recolocarlo» en algún fondo de inversión o en seguros en los que, supuestamente, podría aumentar más rápido. No les hagan caso. La única razón por la que estos vendedores les sugieren estas cosas es la comisión que ellos pueden ganar a partir de su inocencia. Recuerden que no se puede aparcar el coche o dormir en un fondo de inversión. Para esto necesitan una casa, no la arriesguen.

¿Qué pasaría si pagaran su hipoteca en una sola vez?

Si son tan afortunados que disfrutan de un golpe de suerte importante, es decir una herencia o una gran paga extraordinaria en el trabajo, pueden verse tentados a gastarse todo el dinero pagando la hipoteca de una vez. Pero antes de hacer nada, busquen el consejo financiero de un profesional. Aunque estoy de acuerdo con la idea de pagar la hipoteca más rápido de lo que al banco le gustaría, no siempre tiene sentido pagarla de golpe. Se mezclan muchas variables –como el tipo de interés de la hipoteca, cuánto tiempo pretenden quedarse en la casa, cuánto dinero tienen y cuándo tienen planeado jubilarse– y el plan de acción adecuado no siempre es obvio.

ERROR Nº 2
No tomarse en serio las deudas de la tarjeta de crédito.

Las deudas de la tarjeta de crédito pueden destrozar un matrimonio. No importa cuánto se pueda querer una pareja, si uno de los dos se endeuda constantemente, les aseguro que al final la relación se romperá. Si los dos miembros de la pareja se endeudan, la relación terminará mucho antes de lo previsto.

¿Por qué les cuento esto? En primer lugar, porque tener una deuda de una tarjeta de crédito es estresante. Saber que se debe dinero a una empresa y que le están cargando el 20% de intereses sobre la cantidad pendiente puede poner nerviosa a la persona más tranquila. En segundo lugar, porque la ansiedad nunca desaparece; siempre está presente –todos los días, cada día– hasta que se termina la deuda. Y no sólo hace que una relación se resienta, le golpea en la cara cada mes cuando llega la factura. Una relación estresante no es una relación feliz; una relación infeliz no es duradera.

No esperen a descubrir su informe de crédito

No hay nada peor que descubrir que su pareja tiene problemas de crédito justo cuando están a punto de realizar una compra importante, por ejemplo, cuando van a comprar su primera vivienda juntos. Se trata de un momento emocionante. Deciden que están preparados para la responsabilidad que comporta poseer una casa, y parece que al final tienen el dinero necesario para dar el primer paso. Por consiguiente, ustedes dos se dirigen a una empresa hipotecaria para obtener una aprobación y les presentan un informe en el que aparece toda la información sobre un crédito suyo y de su pareja del que nunca habían oído hablar.

Esto le sucedió a uno de mis mejores amigos, llamado Alan, que se gana bien la vida como ejecutivo informático. Cuando él y su nueva esposa, Renee, empezaron a buscar una vivienda en San Francisco hace unos años, él se puso en contacto con un agente hipotecario para que les concedieran un préstamo. Se imaginaba que no sería difícil. Le había preguntado a Renee si su crédito estaba limpio y ella le respondió afirmativamente.

Imagínense cuál fue su sorpresa cuando unos días más tarde el agente lo llamó y le preguntó si estaba sentado.

–¿Qué problema hay? –le preguntó Alan.

–Bueno –le respondió–, Rennee tiene algunos problemas de crédito. De hecho, su valoración es tan mala que no existe ninguna posibilidad de que os puedan conceder un préstamo a los dos juntos.

Alan estaba sorprendido.

–¿Cómo puede ser? ¿Mi crédito está perfecto, verdad?

–Por supuesto –le aseguró el agente–, pero no el suyo.

El problema tenía el origen en unas agradables empresas que ofrecían camisetas gratis y que facilitaban una tarjeta de crédito a los estudiantes. Gracias a sus sugerencias, Renee había abierto dos cuentas cuando estaba en la universidad, había comprado unas cuantas cosas y luego se había olvidado de ellas. Lamentablemente, estas empresas agradables que le habían ofrecido las tarjetas de crédito no se habían olvidado de ella. Todo lo contrario, habían colocado el título desagradable «sin pagar» en su informe. Y aunque las cantidades en cuestión eran relativamente reducidas (menos de 200 dólares en las dos cuentas), fueron suficiente para arruinar la valoración del crédito, y con ello cualquier posibilidad de que ella y Alan consiguieran una hipoteca juntos.

Por suerte para ellos, la valoración del crédito de Alan era tan buena que pudieron concederles un préstamo y, por tanto, pudieron comprarse una casa. En cualquier caso, lo importante en esta cuestión no es culpar a Renee, sino demostrarles lo fácil que es sorprenderse negativamente por un informe malo. La conclusión es...

Descubran cuál es la valoración de su crédito ahora mismo

No esperen a sorprenderse. Esta misma semana vayan a pedir una copia de los informes de su crédito. Es una operación muy sencilla. Recurran a los centros especializados y pidan una copia. Si descubren algún detalle inexacto o algún error en los informes de crédito, intenten solucionarlos inmediatamente. Si descubren que tienen algunos puntos negros legítimos en su expediente de crédito (por ejemplo, algunas facturas antiguas impagadas de las que se habían olvidado), hagan lo que sea para corregirlos. Por lo general, esto implica pagar las deudas antiguas y no permitir que otras facturas queden por pagar.

Error nº3
Intentar hacerse rico rápidamente en un día.

Los últimos años de la década de los noventa fueron extraños. Los medios de comunicación estaban tan atentos por las personas que se enriquecían de la noche a la mañana que parecía que todo el mundo estuviera jugando a la lotería, y que la gente que tardaba más de unos meses en acumular una fortuna estuviera haciendo algo mal.

Pero vamos a analizarlo; si existe una manera fácil de enriquecerse rápidamente, todos tendríamos aprovecharlo. La realidad es que enriquecerse rápidamente no es sencillo y, habitualmente, no sucede de la noche a la mañana. La verdad, que no deberían olvidar nunca, es que...

Acumular una riqueza real lleva más de algunos meses o años, se necesitan décadas

Mi abuela estuvo invirtiendo durante cuarenta años para ser millonaria. No estoy sugiriendo que tarden tanto tiempo. En mi caso, sé que no quiero esperar cuarenta años a hacerme rico. Pero acepto el hecho de que tardaré más de cuarenta minutos, cuarenta días o cuarenta meses. Se necesita un tiempo real para formar una riqueza.

Lamentablemente, hoy en día mucha gente cree que puede reducir este proceso contratando valores de este modo. Impresionados por la nueva tecnología que les permite comprar y vender valores por Internet –y convencidos por los cebos francamente engañosos de algunas sociedades de inversión on-line– centenares de miles de personas se han convertido en lo que se conoce como «comerciantes diarios». Cada día, se sientan frente al ordenador y compran y venden acciones a un ritmo frenético. No toman sus decisiones basándose en si creen que las empresas filiales representan una buena inversión. Sino se guían por su intuición que le indica hacia dónde está apuntando el «impulso» del mercado.

En mi opinión, estos comportamientos son muy tristes porque son la manera más rápida que conozco de perder mucho dinero.

Hacerse rico en un día es como ir a Las Vegas. Pueden ganar en una ocasión y ser capaces de presumir frente a todos sus amigos por ello, pero, en último término, volverán a casa como unos perdedores. Por favor, escúchenme. La probabilidad de que se enriquezcan en un día es casi inexistente. Todavía es peor si lo hacen por su cuenta en su casa desde Internet y desde una cuenta on-line. La gente que actúa así termina perdiendo.

Vivir de esta manera es una ocupación brutal. La mayoría de profesionales expertos se sienten afortunados si pueden hacerlo durante más de un 50% de su tiempo. Si un profesional dedica el 50% de su tiempo, ¿qué probabilidad tienen de hacerlo ustedes? Casi ninguna.

Por motivos obvios, las sociedades de inversión on-line quieren animarles a comprar y vender acciones desde su casa. Quieren que ustedes crean que es sencillo actuar como un experto. Con esta finalidad, estas sociedades se gastaron más de 1.000 millones de dólares entre 1998 y 1999 solicitando nuevos negocios de gente como ustedes.

No me malinterpreten. No estoy en contra de las sociedades de inversión on-line o del comercio on-line. Me encantaría ser capaz de invertir por este medio. Pero estoy preocupado por la facilidad con la que la gente se devasta financieramente con un *click* en el ratón. No estoy exagerando. Literalmente, pueden destruirse totalmente con un *click* equivocado en una acción errónea en un momento equivocado. Y esto es espantoso.

Según una investigación reciente del Senado de los EE.UU., no se trata sólo de que más del 75% de estas personas pierdan dinero sino que a largo plazo no tienen «casi ninguna posibilidad de éxito».

Tres razones por las que intentarse enriquecer en un día no funciona

1. **Comisiones**. Si actúan bastante, hasta las comisiones más pequeñas pueden sumar mucho dinero. Si compran una acción de 10 dólares y la venden por 11, las comisiones reducirán su beneficio de 1 dólar a 20 céntimos. Si venden su acción de 10 dólares por 9, su pérdida se verá incrementada por esta cantidad.

2. **Impuestos**. Si compran una acción de 10 dólares y la venden por 11, el beneficio de 1 dólar quedará reducido a causa de los impuestos que tendrán que pagar. Sus beneficios serán, casi seguro, lo que se denominan plusvalías a corto plazo, es decir que provienen de la venta de una inversión que ustedes tuvieron en reserva por menos de doce meses. (En contadas ocasiones, la mayoría de estas personas poseen una acción durante doce horas.) Como las plusvalías a corto plazo están gravadas como una renta ordinaria, casi 40 céntimos del beneficio de 1 dólar serían reclamados por los impuestos.

3. **Pocas posibilidades**. De momento, del beneficio de 1 dólar han pagado 20 céntimos en comisiones y 40 en impuestos. En este momento, las ganancias de 10 céntimos no parecen tan buenas. Pero un minuto, deben de estar pensando, ustedes todavía tienen 40 céntimos. Es cierto, pero recuerden que hemos presupuesto operaciones en las que todo sale bien, que es lo mismo que decir que han comprado a un precio bajo y han vendido a uno alto. Pero en realidad las cosas no siempre salen bien. Incluso en 1999, un año que rompió estadísticas en el mercado de valores, hubo

más acciones individuales que bajaron que no subieron. La gente que ganó dinero en ese mercado (a parte de los profesionales) no fueron las personas que pretendían enriquecerse en un día sino la gente que había invertido en el mercado a través de fondos de inversión. Y la primavera de 2000, cuando el mercado se ralentizó, fue mortal para ellos. No hace falta que confíen en mi palabra, simplemente fíjense en los números que les expongo a continuación. La tabla muestra que es casi imposible medir el mercado ya que si no tienen buenas actuaciones en todo momento se perderán el mejor día del año, en el que el mercado suba.

Perderse los veinte mejores días podría reducir hasta la mitad sus beneficios

Si hubieran invertido una cantidad hipotética de 10.000 dólares el 31 de marzo de 1995, el 31 de marzo de 2000 sus 10.000 dólares habrían aumentado hasta 32.718 dólares, obteniendo una media total de beneficios anuales del 26,75%.

Pero supongamos que durante este periodo de cinco años hubiera habido momentos en los que hubieran decidido salir del mercado y, como consecuencia, se hubieran perdido las diez mejores actuaciones del mercado. En este caso, los beneficios del 26,75% disminuirían hasta 17,42%. Si se hubieran perdido los veinte mejores días, el 26,75% se habría reducido hasta un 11,46%. Es evidente que comportamientos pasados no pueden garantizar unos resultados futuros comparables.

PERDERSE LOS MEJORES COMPORTAMIENTOS DEL MERCADO
Intentar valorar el mercado puede ser un ejercicio inexacto y costoso.
31 de marzo de 1995 – 31 de marzo de 2000

Período de inversión	Total de beneficios anuales medios	Crecimiento sobre 10.000 dólares
Inversión completa	26,75 %	$ 32,718
Perderse los 10 mejores días	17,42	22,316
Perderse los 20 mejores días	11,46	17,201
Perderse los 30 mejores días	6,48	13,688
Perderse los 40 mejores días	2,15	11,123
Perderse los 60 mejores días	-5,13	7,687

Fuente: Aim Distributors, S.A.

A las sociedades de inversión les gusta que las inversiones sean muy fáciles para sus clientes. Entre otras razones, por eso están tan dispuestos a prestarles el dinero para comprar acciones antes de que ustedes las compren con efectivo. Como norma, les prestarán un 50% del valor de su cuenta en efectivo o un 100% en acciones. En otras palabras, si actualmente poseen acciones con valor de 10.000 dólares, su sociedad probablemente estará encantada de prestarles 5.000 dólares en efectivo o de que compren otras acciones con valor de 10.000 dólares «con margen»; es decir, sin tener que añadir efectivo adicional. Simplemente, ellos les avanzan el dinero para comprar acciones extra.

Supongamos que las acciones de Microsoft se comercializan a 80 dólares y ustedes quieren comprar muchas porque creen que es una gran oportunidad. Si ustedes aparecen con 10.000 dólares, su corredor les dejará comprar acciones de Microsoft por valor de 20.000 dólares, es decir, en vez de venderles 125 acciones, podrán obtener 250. Este es un buen negocio si las acciones suben porque poseer más acciones significará ganar más dinero.

¿Pero qué sucede si el precio de las acciones baja? Supongamos que de repente las acciones de Microsoft caen un 50%, las acciones pasan de 80 dólares a 40 dólares. Entonces, su inversión de 20.000 dólares sólo valdrá 10.000 dólares. Desde el punto de vista de la correduría, el préstamo de 10.000 dólares que le garantizaron es mucho más arriesgado. A las sociedades de inversión no les gusta encontrarse en este tipo de situaciones. Cada una tiene su propia política, pero la norma general es que cuando el coeficiente capital-margen de su cuenta llega al 50%, la sociedad empezará a preocuparse y lo más probable es que reciban lo que se conoce como un «requisito de margen». Todo esto quedará fijado en el acuerdo con la sociedad.

De nuevo, los detalles varían dependiendo de la sociedad pero, en la mayoría de casos, les proporcionarán setenta y dos horas aproximadamente para pagar —en efectivo— una parte suficiente de su deuda con margen para que su coeficiente capital-margen descienda hasta un nivel en el que la sociedad de inversión se encuentre más cómoda. Si ustedes no aparecen con el dinero, la sociedad «los venderá», es decir, los venderán sin tener en cuenta las acciones de Microsoft que se necesiten para llegar al requisito de margen.

Pero, un momento –pueden estar pensando. Ustedes no quieren vender las acciones de Microsoft a 40 dólares. Son demasiado baratas. Son inversores a largo plazo. Compran para mantenerse.

Bueno, no pueden hacerlo con dinero prestado que no tienen.

En el momento que una sociedad de inversión les presta dinero para financiar la compra de acciones, pierden el control de su cuenta. Tienen derecho a «vender» posiciones con margen en todo tipo de circunstancias, y a ellos nos les cuesta ejercer esos derechos. En los mercados volátiles del año 2000, a innumerables inversores les vendieron sus posiciones incluso sin una llamada de teléfono de cortesía. El 14 de abril de 2000 el índice industrial Dow Jones y el NASDAQ marcaron nuevos récords de descenso en un día. Las acciones con más valor se redujeron hasta la mitad, y la gente confiada descubrió lo peligroso que es invertir con margen.

Mi norma práctica cuando suceden estas cosas es sencilla: nunca compren acciones que no pueden permitirse pagar con efectivo. Si por alguna razón deben tener su cuenta con margen, nunca permitan que su deuda con margen exceda el 10% del valor de su cuenta.

Otra cosa más: si su corredor está insistiendo constantemente para que compren con margen, tienen un corredor que está dispuesto a arriesgar demasiado su futuro financiero. Búsquense uno nuevo.

ERROR Nº5
No empezar un plan de ahorro para la universidad con suficiente tiempo.

No pueden hablar de planes de financiación para parejas y no tocar el tema de los gastos de la universidad. Pero antes de que pasemos a los detalles, existe un punto importante en el que quiero fijarme. No deberían considerar la opción de guardar dinero para la universidad de sus hijos a menos que estén ahorrando el 10% de su renta en una cuenta de jubilación antes de impuestos.

La cesta de seguridad ocupa el primer lugar. La financiación de la universidad ocupa el segundo. Me he encontrado con demasiados padres que sacrificaban su seguridad financiera por la educación universitaria de sus hijos y esto es un gran error. El mejor regalo que pueden ofrecerles a sus hijos es asegurarles que ustedes no serán una carga financiera para ellos. Si las cosas van de mal en peor, sus hijos siempre pueden buscarse un trabajo de media jornada cuando vayan a la universidad pueden empezar a ahorrar su propio dinero para la universidad. También existen innumerables becas y programas de préstamos para estudiantes que se lo merezcan.

ERROR Nº6
No enseñarles a los hijos nada sobre el dinero.

Según las estadísticas, el 66% de los estudiantes examinados sobre los principios económicos básicos suspenden el examen. Los adultos tampoco lo hacen mucho mejor, el 57% suspendió. Dos tercios de los examinados no sabían que en tiempos de inflación, el dinero no mantiene su valor. Dos tercios de los niños no sabían que el mercado de valores reúne a la gente que quiere comprar acciones y a la que quiere venderlas.

En mi opinión, estos resultados son preocupantes y espero que para ustedes también lo sean. Pero estar preocupado no es suficiente. Si no actuamos, la situación no cambiará.

¿Cuándo iban al colegio, cuántas clases sobre inversión recibieron? ¿En alguna ocasión los profesores del instituto les hablaron sobre las cuentas de jubilación, sobre cómo pagar una hipoteca, sobre las complicaciones de las acciones y los títulos y sobre el milagro del interés compuesto? Cuando planteo estas preguntas en mis seminarios, casi nadie responde afirmativamente. A menudo, la respuesta es tan escasa que creo que el micrófono no funciona y pregunto: «¿Funciona? ¿Pueden oírme?» Esto suele provocar risas, pero nunca una respuesta afirmativa.

¿Cómo puede ser? ¿Cómo es posible que en el colegio, donde se supone que preparan a la gente para el mundo real, no enseñen nada sobre el dinero?

Una de las finalidades básicas de la educación es preparar a los estudiantes para que sean adultos productivos en la sociedad. Si tenemos en cuenta esta afirmación, el sistema educativo está fallando. La educación sobre el dinero debería formar parte obligatoria del plan de estudios. Empezando desde el primer curso, se debería enseñar a los niños lo básico sobre las finanzas. Esto debería continuar cada año, hasta que terminaran el instituto.

Cuando yo estudiaba, en la década de los setenta, en la escuela y el instituto tenía lugar un gran acontecimiento, el Test de Aptitudes Físicas. Durante años, quise pasarlo para probar que estaba en muy buena forma física. Todavía recuerdo la primera vez en que realicé la prueba. Estaba en tercero y no podía ni moverme. Me sentía completamente avergonzado, pero estaba motivado. Tardé cinco años, pero finalmente en octavo (el último año en que podía realizar la prueba) alcancé mi objetivo. Fui capaz de hacer tantas abdominales que el profesor dejó de contar cuando llegué a las cincuenta y dijo: «Ya está.»

Nunca olvidaré lo que sentí al cruzar la meta habiendo corrido una milla en menos de los seis minutos reglamentarios. Lo había conseguido. Había alcanzado el objetivo de convertirme en «ganador» del test de aptitudes físicas. Al cabo de veinte años, todavía recuerdo ese momento como si hubiera ocurrido ayer.

¿Por qué les estoy contando esta historia? Se me ha ocurrido una idea. Igual que existe el programa de aptitudes físicas, debería existir el programa de aptitudes financieras. Se podría crear un programa de educación obligatoria y se podría empezar en el primer curso con cuentas especiales que motivaran a los niños a aprender a gestionar su economía personal ofreciéndoles la oportunidad de ganar premios simbólicos. Hay que conseguir que todo el mundo sea inteligente con el dinero, no sólo los hijos de los ricos (quienes suelen enseñar a sus hijos cómo hacerse ricos).

La educación ha sido siempre el gran igualador. Siempre se ha apoyado la idea de que cualquiera puede convertirse en lo que quiera con una buena educación. Por eso, debemos dejar de conducirlos al mundo real sin ofrecerles una educación sobre el dinero. Debemos enseñarles a vivir bien y a terminar haciéndose ricos.

Hasta que el gobierno no se despierte...

Mientras tanto, si ustedes no empiezan a enseñarles a sus hijos nociones sobre el dinero, nadie lo hará. La pregunta es ¿por dónde empezar?

Yo fui un afortunado porque mi abuela, Rose Bach, y mi padre, Marty Bach, empezaron a enseñarme cosas sobre el dinero cuando tenía siete años. Juntos me ayudaron a realizar mi primera inversión en el mercado de valores (una acción de la Corporación McDonald's). Mi padre, que ha impartido clases de inversión durante casi treinta años, a menudo me llevaba a sus seminarios y me hablaba sobre cómo invertir, la economía y la gestión del dinero como si estuviera explicándoselo a sus clientes adultos.

Del mismo modo, mi padre siempre compartía con mi hermana, Emily, y conmigo el estado de nuestra economía familiar. Cuando el negocio funcionaba bien, nos explicaba el porqué y cómo invertía el dinero familiar. Cuando las cosas empeoraban financieramente (y a veces ocurría), nos comentaba lo que habíamos hecho mal y cómo podía afectarnos.

En poco tiempo, el dinero se convirtió en un tema de conversación habitual a la hora de la cena. Por lo tanto, no es sorprendente que Emily y yo nos convirtiéramos en inversores como tampoco lo es que los dos nos hayamos convertido en asesores financieros. Lo más importante es que los dos crecimos sabiendo cómo gestionar nuestro dinero y, por consiguiente, nos encontramos en un buen estado financiero.

Pero, por desgracia, la mayoría de los padres no les enseñan a sus hijos nada sobre el dinero. Y digo «por desgracia» porque cuanto menos aprendan los niños sobre el dinero, mucho más probable será que un día se equivoquen en el campo financiero.

No tienen que ser profesionales para poderles enseñar a sus hijos nociones sobre el dinero. Pueden explicarles cómo están ahorrando para su jubilación y por qué lo hacen. También pueden hablar con ellos sobre cómo gestionan la deuda de su tarjeta de crédito, qué tipo de inversiones están realizando y cómo se aseguran de que sus prácticas financieras reflejen sus valores.

Una buena forma de empezar el proceso es mostrándoles la tabla de la página 118 que ilustra el milagro del interés compuesto. Pueden contarles cómo pueden llegar muy lejos unos pequeños ahorros mensuales. Los niños están interesados en hacerse ricos y les encanta aprender cosas del dinero.

También deberían aprovechar las ventajas que ofrece Internet en la actualidad. Existen muchas páginas web gratuitas en las que hijos y padres pueden aprender nociones sobre el dinero juntos. Según una encuesta reciente, los niños dedican de media unas cuatro horas diarias jugando con vídeojuegos, navegando por Internet o mirando la televisión. Ayuden a sus hijos para que dediquen sólo diez minutos diarios de este tiempo a navegar por Internet.

ERROR Nº7
Olvidarse de firmar un acuerdo prenupcial.

Los acuerdos prenupciales son un tema delicado, pero no se deben ignorar por este motivo. Se han ido haciendo cada vez más populares hasta convertirse casi en una rutina y pueden adoptar varias formas. Típicamente, se trata de un documento legal elaborado por un abogado que una pareja negocia y firma antes de la boda. Principalmente, establece las condiciones del matrimonio y especifica quién se quedará cada cosa en el caso de que se divorcien. Algunos sencillamente consisten en una lista de todos los activos que cada miembro de la pareja proporciona a la unión, mientras que otros contienen cláusulas detalladas que establecen cuáles serán las responsabilidades matrimoniales de cada parte.

¿Quién necesita un acuerdo prenupcial y quién no?

Si ni usted ni su pareja poseen activos de los que hablar, tengo buenas noticias: pueden saltarse este apartado. No necesitan un documento legal que les explique cómo dividir lo que no tienen. Pero si uno de los dos posee muchas más cosas que el otro o gana mucho más dinero, o si los dos poseen activos importantes (como, por ejemplo, opciones de compra de acciones) deben firmar un acuerdo prenupcial. De hecho, si existe una diferencia muy importante entre sus vidas respectivas –por ejemplo, si uno de los dos tiene hijos de un matrimonio previo o algún día va a recibir una herencia importante– probablemente deberían protegerse con un acuerdo de este tipo.

Como ya he explicado anteriormente, más de la mitad de los matrimonios terminan en divorcio. Es triste, pero cierto. Además, los divorcios tienden a ser complicados. Hieren desde el punto de vista sentimental y pueden costar mucho dinero desde el punto de vista financiero. Un acuerdo prenupcial no facilitará el proceso del divorcio, pero como ya establece de antemano todo lo que es de cada uno puede suavizarlo un poco.

Pero los acuerdos prenupciales no son románticos

No es muy agradable. Pedirle a la persona que ama que firme un acuerdo prenupcial cuando están planeando su boda no es muy romántico. De nuevo, ofrecer la responsabilidad del 50% de una fortuna, a la que ustedes o sus padres han dedicado la mejor parte de su vida, tampoco es muy divertido.

Aunque puede ser un tema difícil de abordar, les sugiero que lo comenten al principio de su compromiso (o incluso antes de que se comprometan). No esperen hasta la semana de la boda para hacerle saber a su pareja que quieren que firme un acuerdo prenupcial. Los dos necesitan que su abogado revise el documento y que les haga sugerencias. Esto requiere un tiempo. Y no se crean que pueden acelerar el proceso. Si su ex-pareja afirma posteriormente que firmó el acuerdo bajo presión o sin haber entendido completamente lo que significaba, el documento puede declararse nulo e inaceptable.

Por ejemplo, la estrella norteamericana del béisbol Barry Bonds, de los San Francisco Giants, recientemente hizo historia sobre este tema. Su ex-mujer Sun Bonds declaró en un tribunal que el día antes de la boda Barry llevó a su futura esposa al despacho del abogado, en el que la pareja, por aquel entonces feliz, firmó un acuerdo prenupcial. Aunque Barry tenía dos abogados y un asesor financiero, Sun decía que no estaba representada por nadie y, por consiguiente, un tribunal de apelación de California anuló el acuerdo.

Por eso, empiecen el proceso lo antes posible y asegúrense de que los dos están representados por sus propios abogados. Si no pueden conseguir que su abogado esté de acuerdo —y esto sucede ya que a muchos abogados les gusta discutir—, en la actualidad existen especialistas llamados mediadores prenupciales que escucharán las dos partes y luego les recomendarán un compromiso. En último lugar, no presupongan que elaborar un acuerdo prenupcial será negativo para su relación. Lo cierto es que puede influir de manera positiva en su futuro. Puede obligarlos a empezar a encarar sus valores y objetivos financieros desde el principio del matrimonio. Muchas parejas se han dado cuenta de que este proceso ha acercado y fortalecido sus opiniones respecto a su futuro financiero.

Los acuerdos prenupciales no son asunto de los demás

Una última sugerencia sobre este tema: tienen derecho a mantener este tema en privado. Si usted y su pareja deciden firmar un acuerdo, no es asunto de nadie más, ni de su mejor amigo ni de sus padres ni de nadie que no sean ustedes dos. No se sientan obligados a explicárselo a nadie o a justificarse. Lo único importante es que los dos se sientan cómodos con el acuerdo.

ERROR Nº8
No compartir una gran causa con su pareja.

En este capítulo, les he hablado sobre la educación de sus hijos respecto al dinero y sobre los ahorros para la universidad. En los capítulos anteriores del libro, me he referido a la inversión y a la compra de seguros y les he contado cómo formar una cuenta de jubilación de un millón de dólares. Todo esto es importante; esencial. Pero también existen cosas más poderosas que el dinero cuando se trata de asegurar el éxito a largo plazo como pareja.

La mayoría de relaciones a largo plazo con más éxito comparten rasgos similares. Al haber trabajado al lado de centenares de parejas, con el paso de los años, me he dado cuenta de lo que tienen en común las que son realmente estables. Todas reconocen la importancia vital de la paciencia y el compromiso. Poseen objetivos y valores comunes. Pero, quizás, lo más sorprendente es que las parejas realmente estables, las que parecen más felices y completas, parece que han dedicado sus vidas a una gran causa. En el caso de algunas parejas, se trata de una llamada religiosa. En el caso de otras, se trata de un proyecto solidario o de alguno relativo a la comunidad.

Creo que todos tenemos el deseo de dedicar nuestra vida a una causa importante. Lamentablemente, es tan fácil estar muy ocupado trabajando e intentado salir adelante que todos nos convencemos de que este gran propósito puede esperar hasta que tengamos tiempo. A lo mejor, el año próximo, pensamos, o el otro o cuando nos jubilemos.

Me gustaría sugerirles que dejen de aplazar este tema. En algún momento de los próximos doce meses elijan un gran propósito juntos y dediquen un tiempo (y quizás algún dinero) a llevarlo a cabo. Busquen algo que no esté pensado directamente para la familia, pero que la involucre. En mi caso, mi gran propósito y la misión de mi vida es educar y autorizar a tanta gente como sea posible para que se encarguen de sus finanzas. Quiero ser una fuerza conductora para la creación de un programa educativo obligatorio sobre asignaturas financieras que se imparta desde el colegio hasta el instituto. Pero ésta no es mi única misión. Mi mujer, Michelle, y yo tenemos una misión: ayudar a los niños a punto de morir a cumplir su «último deseo». De hecho, como parte de nuestro compromiso para esta causa, una parte de los beneficios de este libro los ofreceremos a la Fundación Pide un Deseo (Make a Wish Foundation), en San Francisco, California.

> ### ERROR Nº9
> No darse cuenta de la responsabilidad de cada uno.

En incontables ocasiones, las parejas que asisten a mis seminarios me han pedido que los aconseje sobre cómo dividir sus responsabilidades financieras: ¿Deberían tener cuentas conjuntas o individuales? ¿Quién debería pagar cada factura? ¿Deberían juntar sus sueldos o mantenerlos por separado?

Cuando Michelle y yo nos casamos, pensábamos que las respuestas a este tipo de preguntas eran obvias.

—Cariño —afirmaba yo— tú guardas tu dinero en tu cuenta y yo en la mía, yo pagaré la mayor parte de las facturas y tú pagarás el resto. Al final abriremos una cuenta conjunta y empezaremos un plan de ahorro para «nuestro» dinero, y cuando nos marchemos de vacaciones…

–No, cariño –replicaba Michelle– deberíamos poner nuestro dinero en una sola cuenta. Después de todo, ahora estamos casados y todo debería estar junto porque nos queremos y esto es lo que hacen las parejas que se quieren, además será mejor saber cómo gastamos nuestro dinero.

Quizás no era tan obvio.

En realidad, como ya les he contado al principio del libro, Michelle y yo tuvimos nuestra primera discusión sobre este tema. Lo más importante es que no deberían presuponer que los dos se encuentran en el mismo punto cuando se trata de cómo organizar sus finanzas y de saber cuáles van a ser las responsabilidades de cada uno. Si todavía no lo han hecho, necesitan sentarse y resolver todos estos aspectos. La alternativa significa el caos y conflictos potenciales.

Sin embargo, no existe una «respuesta correcta» sobre cómo una pareja debería organizar sus finanzas. Pero al haber trabajado como asesor financiero de centenares de parejas (además de estar casado), me siento seguro para ofrecerles los siguientes consejos generales.

1. **Cada miembro de la pareja necesita su propio dinero.** Independientemente de si los dos trabajan, cada uno debería mantener su propia cuenta corriente y su tarjeta de crédito. Si Michelle me compra un regalo para mi cumpleaños, yo no quiero saber lo que se ha gastado. Tampoco necesito (ni quiero) saber cada detalle del dinero que se ha gastado. No es de mi incumbencia. Del mismo modo, quiero tener mi propio espacio cuando se trata de cómo gasto el dinero. No es que quiera esconder nada; simplemente, todos necesitamos una cierta privacidad. Tener una cuenta corriente propia proporciona una sensación necesaria de espacio personal.

2. **Cada pareja debería tener una cuenta conjunta.** A pesar de que cada pareja debería poseer una cuenta bancaria separada, si la pareja es a largo plazo y está comprometida, también debería tener una cuenta conjunta. Esta cuenta puede proporcionarles los fondos para todas las facturas de la casa. En último término, también

puede ser el lugar donde guardan el dinero de la cesta de seguridad que ahorren. Actualmente, Michelle y yo tenemos dos cuentas conjuntas: una para la cesta de seguridad y otra para la de nuestros sueños. Pagamos las facturas de la «cesta de seguridad» y nos aseguramos que siempre haya dinero ahorrado para pagar, como mínimo, tres meses de gastos (después de que se hayan pagado las facturas).

3. **Especifiquen quién es el responsable de pagar cada factura.** Personalmente, odio pagar facturas. Firmar talones me pone de mal humor. Pero tampoco me gusta preocuparme por si las facturas están pagadas. Cuando Michelle y yo nos casamos, cada uno pagaba unas facturas. A menudo, una factura se quedaba sin pagar y terminaba en tierra de lo que yo denomino «pensaba que la pagabas tú». Éste no es un buen lugar porque puede conducirlos a muchas peleas y a recargos posteriores. Al final, decidimos que yo pagaría las facturas. (Sigo odiando esta actividad, pero como mínimo no tengo que preocuparme de si están pagadas o no.) No hace falta que les diga que podríamos haber decidido que las pagara Michelle o que las pagáramos un mes cada uno. No hemos abandonado el pago de las facturas a la suerte. Nadie debería hacerlo.

4. **Tengan presente que no hay normas difíciles o rápidas.** Si juntar todo su dinero les funciona, perfecto. Si mantenerlo por separado les funciona, también está bien. En última instancia, necesitan hacer lo que les funcione como pareja. Pero les debe funcionar a los dos. En muchos matrimonios el tema de cómo gestionar las cuentas corrientes y cómo pagar las facturas es una batalla mensual. No pueden mantener un buen matrimonio o una pareja a largo plazo si cada mes se pelean sobre cuáles son las responsabilidades de cada uno respecto al dinero.

ERROR Nº10
No consultar a un asesor financiero profesional.

El hecho de que hayan leído este libro hasta este punto refleja que se toman en serio el tema del dinero. Como ya he mencionado anteriormente, muy poca gente que compra libros sobre economía personal consigue superar los primeros capítulos.

Por ahora, me conformaría con que ustedes se sintieran entusiasmados sobre su futuro y sobre lo que son capaces de hacer con él. Sin embargo, también es posible que su cabeza esté saturada por toda la información que les he proporcionado. La planificación financiera no es un tema que vayan a dominar en un día o en una semana ni en un mes. Es un camino que dura toda la vida y, como en el caso de la mayoría de caminos largos, a menudo es preferible obtener los servicios de un guía.

Así es como yo entiendo el trabajo de un asesor financiero. Son como entrenadores profesionales o guías. Usted y su pareja deciden conjuntamente dónde quieren terminar y entonces buscan a un profesional que les guíe a lo largo del camino para vivir bien y acabar haciéndose ricos.

Pero, algunas personas han nacido para «hacérselo todo por sí mismas». Tienen que hacerlo todo por su cuenta, incluyendo la gestión del dinero. Si es su caso, les muestro mi respeto. Con un poco de suerte, este libro les facilitará las decisiones inteligentes que tomen respecto al dinero. En cambio, si ustedes son del tipo de personas que aprecian los consejos y que valoran trabajar con profesionales, buscar a un entrenador financiero será una decisión sensata.

Los ricos contratan a asesores financieros

Los ricos casi siempre utilizan los servicios de asesores financieros. Ésta no es mi opinión; es una realidad. Según un estudio reciente de Dalbar, que examina a los inversores, el 89% de las personas que poseen más de 100.000 dólares prefieren contratar a un asesor financiero. Esto es algo que les debería hacer pensar, si todavía no son tan ricos como querrían.

Contratar a un profesional financiero para que les aconseje no es un signo de debilidad o pereza. La gente inteligente y con éxito contrata entrenadores a cada momento. Tiger Woods, quien sin duda es el mejor jugador de golf que haya existido nunca, todavía trabaja con un entrenador de golf. Él no piensa: «Ya sé todo lo que hay que saber sobre el golf.» Utiliza a un entrenador para intentar mejorar. Michael Jordan, el mejor jugador de baloncesto de todos los tiempos, admiraba a su entrenador, Phil Jackson. La actriz Helen Hunt, galardonada por la Academia del Cine, continúa trabajando con un entrenador de interpretación.

¿Por qué todas estas personas con éxito contratan a entrenadores? Porque saben que para obtener resultados extraordinarios deben continuar aprendiendo y un buen entrenador facilita el proceso de aprendizaje. Un buen entrenador proporciona opiniones honestas, críticas objetivas y puede ver cosas que nosotros no podemos. En mi propia práctica, para algunos clientes mi mejor virtud es que soy sincero y que les proporciono una pared sobre la que pueden lanzar ideas.

¿Cómo pueden encontrar a una buen asesor financiero? No siempre es fácil y yo no les puedo ofrecer fórmulas mágicas. Lo que tengo son Ocho Normas de Oro para contratar a un asesor financiero que debería facilitarles el proceso y, al final, ayudarles a contratar al entrenador perfecto.

Ocho normas de oro para contratar a un asesor financiero

> ### NORMA Nº1
> Pidan referencias.

Puede parecer un cliché, pero la mejor forma de obtener un asesor financiero importante/bueno es preguntarle a la persona con más dinero que conozcan quién es el suyo. Esta persona no tiene que ser un amigo, simplemente puede ser un conocido o, incluso, su jefe. A la mayoría de gente le gusta que le pidan consejo, y en muchos casos estarán encantados de darles las referencias de su asesor. Lo que significa que lo llamarán para poderlos presentar. En general, a menos que tengan mucho dinero, les será difícil contactar con los mejores asesores si no es de esta forma.

La verdad es que los asesores buenos suelen tener unos mínimos, es decir, no aceptan a un nuevo cliente a menos que tenga una cantidad de dinero importante para invertir. Pero si consiguen una referencia, la puerta que en otras circunstancias podría haber estado cerrada se abre.

Por ejemplo, si uno de mis mejores clientes envía a un amigo o un familiar a nuestro grupo asesor, éste va a recibir un trato especial en nuestras oficinas. Queremos mantener contentos a nuestros clientes más importantes y esto conlleva hacerse cargo de las personas de las que nos han hablado, incluso si su cuenta está por debajo de nuestros estándares mínimos. Ésta es la fuerza que tiene una buena referencia de la persona adecuada.

NORMA Nº2
Comprobar el bagaje del asesor.

No hay nada tan importante como seguir esta norma. No importa la apariencia de éxito que tenga alguien, las recomendaciones que le hayan hecho sobre el asesor, ni si su nombre está en el edificio, si ustedes no comprueban el bagaje del asesor, se están buscando problemas.

Hay muchos asesores que parecen tener mucho éxito, pero que, en realidad, son únicamente buenos vendedores. Algunos que parecen muy sinceros distorsionan la realidad, adornando su experiencia y su bagaje formativo. Algunos asesores muy agradables tienen reclamaciones éticas formales archivadas contra ellos. Otros tienen antecedentes penales.

Sólo existe una forma para protegerse contra este tipo de cosas. Para obtener la licencia para vender valores en EE.UU., los corredores y asesores financieros tienen que superar unas pruebas y registrarse en la National Assotiation Security Dealers. Por tanto, si un norteamericano quiere contratar a uno puede visitar la página web de la NASD –incluso hasta antes de reunirse con alguno.

NORMA Nº3
Estar preparado.

Los «vendedores» casi siempre van a las casas. Acostumbran a estar más que encantados de llevarles publicidad a su casa para ver si les pueden vender una inversión. En cambio, un asesor financiero profesional insistirá para que vayan a su oficina y para que vayan preparados a su primera reunión. (Si esto no ocurre, habrá algún problema. A un verdadero profesional le gusta asegurarse de que el tiempo de la reunión se utiliza productivamente.)

Estar preparado implica que tienen que llevar todos los documentos financieros pertinentes. En el Apéndice de la página 247, encontrarán una copia del formulario que les ayudará a planificar cómo hacerse ricos, un documento organizativo que les ayudará a saber qué documentos necesitan llevar a su primera reunión.

Si se sienten incómodos al compartir su información financiera personal con un asesor, no están preparados para contratar a uno. Enseñarle los informes financieros a un asesor es como mostrarle su cuerpo a un médico. Para poderlos ayudar, los profesionales tienen que poder realizar un examen. Y no se preocupen por sentir vergüenza. Como en el caso del médico, un asesor financiero visita a incontables «pacientes» y probablemente muchos de ellos se encontrarán en una situación peor que la suya.

NORMA Nº4
Pregunten siempre cuál es la filosofía del asesor.

Cuando vayan a su primera cita, deben asegurarse de preguntarle al asesor cuál es su filosofía respecto a la gestión del dinero. Un profesional serio no debería tener ningún problema para explicarles su planteamiento sobre la inversión simple y coherentemente. Si no puede hacerlo, cambie sus negocios de lugar.

Lo que ustedes no necesitan, bajo ningún concepto, es a un vendedor. Un vendedor no seguirá una filosofía; se pasará la mayor parte del tiempo diciéndoles lo que quieren oír.

–Mr. Jones –le dirán– ¿verdad que quiere comprar acciones? Yo soy un especialista en la compra de acciones. ¿Quiere opciones de compra sobre acciones? Perfecto, soy un especialista de este tema. ¿Está interesado en comprar una renta variable? Es lo único que hago.

Probablemente crean que estoy exagerando, pero no lo hago. Actualmente, a los futuros vendedores les enseñan a dar este tipo de respuestas. Una persona que las utiliza no es el tipo de asesor que necesitan. Tienen que encontrar a alguien que dedique la mayor parte de la primera reunión revisando con ustedes su situación financiera y personal. Alguien que les haga muchas preguntas, pero que no hable mucho (por ejemplo, sobre la venta). Alguien que no presuma de actuaciones. Si un asesor empieza a prometerles beneficios elevados (por ejemplo, beneficios que superen entre el 7% y el 12% al año), márchense de la oficina inmediatamente y no miren atrás. Hoy en día, también existen muchos asesores que utilizan los beneficios destacables del mercado alcista reciente para posicionarse como magos de la inversión.

Repitan en voz alta...

Una actuación pasada no es una garantía para una futura.

Un asesor del que puedan fiarse les hablará sobre la «realidad de la inversión». Aunque en los últimos años las acciones hayan generado un promedio de beneficios anuales del 18%, esto no significa que el mercado de valores continúe a este ritmo. En realidad, lo más probable es que no lo siga. En nuestra oficina, no sólo mostramos las buenas actuaciones que ha tenido el mercado en los últimos cinco o diez años. Hablar de este tema lo hace todo «demasiado bonito». En vez de eso, les mostramos con regularidad a nuestros posibles clientes el historial de los índices de beneficios del mercado de valores que han tenido lugar en los últimos setenta y cinco años. A lo largo de este periodo, el mercado ha producido un promedio de beneficios de un 12% al año. Y ha habido muchos años –incluso décadas– en que las acciones no producían dinero.

> ## NORMA Nº5
> Confíen en su intuición.

Su primera reunión con un asesor financiero es como una cita. Y como en el caso de las citas, ustedes sabrán desde el principio si existe una conexión. Una voz interior les dirá «Confío en esta persona, me parece bien» o «No lo sé» o «De ningún modo».

Confíen en su primera intuición. Yo acostumbro a saber si quiero trabajar con alguien o no en los primeros diez minutos. En realidad, normalmente puedo adivinar cuando alguien llama por teléfono para fijar una reunión si se trata de alguien con quien disfrutaría manteniendo una relación a largo plazo o no. Cada vez que no hago caso de mi intuición, acabo con un cliente problemático.

Recuerden que cuando contratan a un asesor financiero están buscando una relación a largo plazo. Idealmente, les ayudará con su dinero durante décadas. Si empiezan a trabajar con alguien que no les acaba de convencer, en el momento que algo vaya mal (por ejemplo, que el mercado caiga en picado), tendrán que buscarse uno nuevo.

NORMA Nº6
Estén preparados para pagar por los consejos que reciban.

Los asesores financieros profesionales no ofrecen consejos gratuitos. Podrían pensar que esto es obvio, pero en el mundo de Internet donde estamos acostumbrados a que nos regalen todo (o, como mínimo, a que nos lo ofrezcan con algunos descuentos), mucha gente cree que pueden acudir al despacho de un profesional de las finanzas y aprovecharse de su experiencia y conocimiento a cambio de nada. Disculpen, pero esto no funciona así.

Por tanto, ¿cómo deben pagar por el asesoramiento? La industria de los servicios financieros ha estado experimentando grandes cambios en los últimos años, pero todavía existen tres tasas básicas que utilizan los asesores financieros profesionales para cobrar.

Asesoramiento basado en comisiones

Un asesor que trabaja por comisión gana una tasa cada vez que compra o vende una inversión por ustedes. En los últimos cien años, éste era el modo de trabajo de la mayoría de agentes de bolsa y es muy popular entre los asesores financieros.

El aspecto positivo de un asesoramiento basado en comisiones es que si su asesor es una persona ética que no realiza demasiadas operaciones con su cuenta, puede resultarles bastante barato. Supongamos que invierten en diez acciones o en media docena de fondos de inversión y los poseen durante muchos años. Probablemente, no tendrán que pagar demasiadas comisiones. Por desgracia, algunos asesores que trabajan por comisión caerán en la tentación de mantener su dinero en movimiento, es decir, crear transacciones que pueden no ser necesarias para generar tasas a su favor. Esta práctica se denomina «exceso de transacciones» y es ilegal.

Si en algún momento sospechan que su cuenta está siendo excedida, dejen de aprobar todos estos negocios y obtengan una segunda opinión. Siempre acabo sorprendido cuando me reúno con mis posibles clientes cuyas cuentas han sido excedidas. Una mujer a la que conocí hace algunos años me mostró un informe brokerage que contenía ocho páginas de confirmaciones comerciales. Su contable había acumulado hasta 50.000 dólares en activos y había generado 10.000 dólares en comisiones. Era enfermizo. El corredor debía de haber estado llamándola a cada momento para obtener su aprobación.

Cuando le pregunté cómo había ocurrido, me respondió que ella creía que este mundo funcionaba así.

—No conocía nada mejor —me confesó.

No se equivoquen en este aspecto: un asesor ético nunca negociará con una cuenta de esta manera. Las comisiones anuales de su cuenta no deberían superar el 2% o el 3% del valor total de la cuenta. En otras palabras, la cuenta de 50.000 dólares de esa pobre mujer debería haber generado, como máximo, unos 1.500 dólares en comisiones durante un año. En realidad, el estándar para una cuenta basada en comisiones es inferior a un 1%.

Asesoramiento basado en honorarios

Con un asesor que trabaja por honorarios, ustedes pagan una tasa anual por todos los servicios que su asesor financiero le ofrece, incluyendo todos lo negocios, reuniones, propuestas, informes de actuaciones, etc. En general, los honorarios son una proporción fija —normalmente entre un 1% y un 2,5%— de la cantidad de dinero que su asesor gestiona por ustedes. Por tanto, si tienen 100.000 dólares para invertir, el asesor les cobrará entre 1.000 y 2.500 dólares al año.

Hace unos años, los asesores que cobraban por honorarios eran relativamente escasos. Actualmente, la mayoría de sociedades de inversión están adoptando esta forma de pago. Y debido a la competencia, el precio del asesoramiento basado en honorarios está disminuyendo rápidamente.

Hoy en día, es posible conseguir que un asesor profesional gestione una cartera estructurada de fondos de inversión por tan sólo un 1% al año.

La mayoría de mis clientes nuevos pagan por este método. En mi opinión, esta estructura tiene muchas ventajas. Por una lado, actualmente, no hay posibilidades de conflictos de intereses. Como lo que cobra el asesor depende del valor de sus activos, al propio asesor le interesa que sus activos aumenten. Además, estos asesores sólo cobran si los clientes están contentos con los servicios que han recibido. Si invierten el dinero de sus clientes y luego se olvidan de ellos, los clientes los abandonarán y dejarán de cobrar. Por este motivo, los asesores que cobran por honorarios tienden a orientarse más a los servicios. Para ellos, nuevos clientes representan más que una única venta; sus negocios están basados en relaciones a largo plazo. (Por cierto, si contratan los servicios de un asesor que cobra por honorarios, asegúrense de que se lo cuenten a su contable de impuestos porque bajo algunas circunstancias estos honorarios pueden ser deducibles.)

Estructuras de pago por horas

Algunos asesores que se basan en el sistema de los honorarios no les cobrarán un porcentaje de sus activos, sino les cobrarán por el tiempo que hayan estado trabajando en sus asuntos. Como norma, no creo que ésta sea una buena forma para compensar a un asesor. Después de todo, quieren que su asesor tenga alguna «participación» en el juego. Un profesional que simplemente cobra por horas cobrará lo mismo independientemente de si sus consejos les hacen ganar dinero. No existe demasiada motivación para hacer el trabajo de la mejor forma posible.

En cambio, si tienen muy pocos activos pero quieren introducirse en este campo, les puede resultar difícil interesar a un asesor que cobre por honorarios. En este caso, alguien que trabaje por horas puede ser una opción con sentido porque pueden pagar unos cientos de dólares y obtener un asesoramiento básico. Pero tengan cuidado. La mayoría de estos asesores son secundarios, trabajadores independientes que no están supervisados por una gran entidad ni vigilados por oficiales elásticos. Si los contratan, asegúrense de que la planificación financiera es su única ocupación y, en cualquier caso, obtengan referencias.

NORMA N°7
Si no pueden obtener referencias, realicen su propia búsqueda.

Recuerden que cuando obtengan una lista de asesores recomendados, su trabajo consiste en tener una entrevista con ellos y comprobar su experiencia. Sólo porque una persona sea miembro de alguna organización no es una garantía de que sea el asesor adecuado para ustedes. Cuando se trata de contratar a un asesor financiero, como en muchos otros casos, la contraseña es «cuidado con el comprador». Por tanto, realicen las debidas diligencias.

NORMA N°8
Contraten a un asesor de una gran entidad.

Cuando todo lo demás falla, hay que analizar la situación. Mi recomendación personal es que contraten a un asesor financiero de una sociedad de inversión o de asesoría financiera importante (preferiblemente una que sea pública). Cuanto más grande sea la entidad, más seguros estarán ustedes. Los asesores financieros pequeños o independientes pueden desaparecer de la noche a la mañana.

Además, las entidades grandes tienen mucho dinero. Tienen bajo su control miles de millones de dólares en activos. También tienen muchos trabajadores, cuya función consiste en asegurar que ninguna persona de la entidad realiza actividades ilegales o no éticas.

Créanme si hoy en día hay algo que las entidades importantes no quieren que suceda es que sus clientes se quejen por haber sido estafados. Actualmente, que la mayoría son públicas, un único brote de mala publicidad que se origine por las acciones de un mal asesor puede afectar a toda la capitalización del mercado. Por eso deben creerme cuando les digo que las entidades importantes se preocupan de verdad de sus clientes. Quieren que estén felices y no quieren, de ningún modo, que nadie se aproveche de ustedes.

Esto no significa que no cometan errores. Después de todo, hasta las empresas más grandes están controladas por seres humanos. Pero si algo no funciona, ustedes tienen muchas más posibilidades de estar bien protegidos en una entidad importante.

Existe otro error que los inversores acostumbran a cometer, y puede ser el más importante: se rinden.

Hagan lo que hagan… no se rindan

Al principio del libro les he contado la historia de cómo mi abuela perdió todo el dinero que había ahorrado en su primer año de inversión. Fácilmente, esa experiencia podría haberla convencido de que debería dejar de intentarlo. Podría haber decidido que no valía la pena. Después de todo, ella cometió algunos errores muy grandes. Utilizó un agente mediocre y no buscó por su propia cuenta.

Cuando me explicó la historia, le pregunté por lo que la había hecho continuar después de un año tan desastroso. Ella sonrió y me contestó:

–David, me fijé en mi vida y me dije: «Rose Bach, si quieres ser rica, no debes atreverte a abandonar en este momento.»

Imagínense la fuerza que necesitó para tomar la decisión de no rendirse. Sus amigos la provocaban constantemente:

–Rose –le decían– ven a cenar con nosotros. No tienes que preocuparte por tu jubilación, ya tendrás Seguridad Social. ¿Por qué te preocupas tanto? El futuro ya se preocupará de sí mismo.

¿Por qué sus amigos le ofrecían tan poco apoyo? Quizá porque tenían miedo de que ella pudiera cumplirlo, es decir, que terminara haciéndose rica y ellos no.

Recuerden que tienen una elección en la vida: pueden aceptar lo que tienen o decidir vivir su vida con un plan y un objetivo, que es como decir, con su máximo potencial. No siempre es fácil seguir esta decisión. Ustedes cometerán errores –con un poco de suerte no serán los que he explicado anteriormente, pero seguro que cometerán alguno. Y esto es normal. De hecho, es totalmente lógico. Lo importante es que aprendan de sus errores, que retrocedan y vuelvan a empezar. Como todo lo demás, es reconfortante, vivir bien y acabar siendo rico requiere un compromiso real. Pero si usted y su pareja quieren hacerlo, sé que si trabajan conjuntamente pueden lograrlo.

Paso 9

Incrementen su renta un 10% en nueve semanas

A lo largo de los ocho capítulos anteriores, les he estado explicando todo tipo de prácticas y técnicas diseñadas para ayudarles, a usted y a su pareja, a vivir de forma inteligente y acabar haciéndose ricos. Como les he ido repitiendo, si los dos siguen tan sólo unas cuantas, serán mejores que el 90% de la población. Si las realizan *todas*, tendrán muchas posibilidades de situarse entre el 1% de las personas más ricas.

Sin embargo, ahora, quiero revelarles un secreto. Igual de importantes y útiles que han sido los ocho pasos anteriores, ninguno de ellos tendrá un impacto tan inmediato y eficaz como lo que voy a mostrarles en este último paso de nuestro camino: cómo pueden incrementar su renta un 10% o más en sólo nueve semanas.

Pero esperen un minuto. ¿No les he estado diciendo durante todo el libro que el tamaño de su sueldo no importaba, que si los dos realizaban las acciones correctas (como, por ejemplo, «pagarse ustedes primero» el 10% de su renta), ya ganarían suficiente dinero como para ser ricos?

Por supuesto, les he estado diciendo esto. Y créanme que la mayoría de gente gana suficiente dinero para formar una riqueza si utiliza su riqueza e invierte su dinero de forma inteligente. Pero, a continuación, les revelaré otra verdad. Si puedo mostrarles cómo cada uno de ustedes puede aumentar su renta un 10% en las próximas nueve semanas, y después realizan todo lo que he compartido con ustedes en este libro, sus posibilidades de vivir bien y acabar haciéndose ricos no sólo aumentarán brutalmente sino que se harán ricos más rápido. Esto se debe a que no hay nada que haga crecer su riqueza de una forma más contundente y rápida que incrementar su renta.

¡Se merecen un aumento!

Déjenme que les haga una pregunta. ¿Alguno de los dos se merece un aumento?

Con los años, he planteado esta pregunta en mis seminarios centenares de veces. Lo más interesante es que cuando pregunto en una sala de cien personas cuántas creen que están mal pagados, la mayoría de asistentes –en algunos casos, *toda* la gente del aula– levanta la mano. En realidad mucha gente cree que está siendo mal pagada. Y esto también incluye a la trabajadores autónomos. (¿Cómo pueden estar mal pagados los autónomos? Muy fácil. Pueden estar trabajando demasiadas horas en comparación con lo que ganan y, posiblemente, se deba a que no están cobrando lo suficiente por sus servicios.)

Volvamos a mi pregunta inicial. ¿A usted y a su pareja les pagan lo que se merecen? Lo más probable es que la respuesta sea negativa. Seguramente se merecen un aumento y lo saben. Pero aquí radica el problema. Los aumentos no caen del cielo. Tienen que salir a buscarlos.

Teniendo esto presente, quiero que los dos se centren de verdad en dos cosas: (1) que se merecen ganar más dinero que el que están ganando actualmente, y (2) que está en su mano hacer algo al respecto.

Esta idea sencilla –que implica que independientemente de que sean empleados o jefes, tienen que ocuparse de cuánto ganan y de cuándo recibirán el próximo aumento– es la base de un concepto eficaz que yo denomino ProActive Income. Creé este principio hace algunos años para ayudar a los estudiantes y a los clientes a ver sus ingresos como una parte más de su planificación financiera en general. El objetivo de mi plan ProActive Income es sencillo… y emocionante; la idea consiste en que si toman los asuntos en sus manos, pueden incrementar de forma proactiva su renta un 10% o más cada año.

En el trabajo no obtenemos lo que merecemos sino aquello por lo que luchamos

Muchas personas gestionan sus carreras, pero olvidan ocuparse de su renta. Imagínense esta situación hipotética: han estado trabajando cada vez más en el trabajo durante los últimos seis meses y están exhaustos. Han estado viviendo semanas de cincuenta horas, trabajando fines de semana y noches para ayudar a la empresa a añadir valor. Luego, un día aparecen en el trabajo y se encuentran con que su despacho se ha convertido en una fiesta. Hay globos y pasteles y, a medida que se acercan a su escritorio, sus colegas aparecen de todos lados y gritan: «¡Sorpresa!» Su jefe se le acerca, le da unos golpecitos en la espalda, y le dice: «Gracias a su buen trabajo, la empresa está funcionando mejor que nunca. Por consiguiente, queremos que se tome una semana de vacaciones y, con su permiso, le ofreceremos un aumento del 20%.»

¿Pueden imaginarse esta situación? Posiblemente no, porque esta fantasía maravillosa no va a ocurrir. Pero no tiene ninguna posibilidad de que esto suceda si es un trabajador autónomo. Lo más probable no es que sus clientes aparezcan y le anuncien: «Ha realizado tan buen trabajo que creemos que tendríamos que pagarle más por sus servicios. Por favor, aumente sus precios un 10% en su siguiente factura.»

En realidad sólo existe una manera real de ganar más dinero y es que los dos decidan que, a partir de este momento, van a gestionar sus carreras y sus rentas de forma proactiva.

La eficacia del plan Proactive Income^{MR}

Una de las ventajas de incrementar sus ingresos y conseguir un aumento es que ustedes ven el resultado financiero de sus acciones de inmediato. Muchos de los consejos y estrategias que les he enseñado en este libro necesitan un tiempo para producir resultados visibles. Por ejemplo, la fuerza del interés compuesto es increíble, pero les llevará unos años darse cuenta de que funciona. Obtener un aumento les puede costar cuarenta y ocho horas. Si son trabajadores autónomos y deciden subir los precios un 10%, y sus clientes están de acuerdo con este aumento, el resultado es inmediato.

Pero quizá lo más importante es que actuando de esta forma usted y su pareja experimentarán la fuerza de la gestión proactiva en primera persona. No se creerán el impacto que puede tener este concepto tan sencillo. Les prometo que cambiará su opinión más que nada en el mundo. Demostrándoles que pueden aumentar sus rentas un 10% en sólo nueve semanas les haré darse cuenta de que tienen el control real de su futuro financiero. Ustedes son los verdaderos responsables.

Lo que implica en dólares y céntimos

Si ustedes dos incrementan lo que ganan un 10% cada doce meses, duplicarán su renta conjunta en siete años.

Ahora piensen la influencia que tendría en sus vidas que llevaran a cabo este paso.

Hoy en día, la mayoría de trabajadores obtiene unos incrementos anuales de un 3% o un 4%. Por eso, lo que les estoy sugiriendo que intenten conseguir no representa un cambio tan importante. De hecho, mi sugerencia del 10% es realmente un requerimiento mínimo. Pero pueden optar a más. ¿Por qué no intentan aumentar su renta un 30% este año? La gente lo hace a cada momento. En realidad, hoy en día uno de los problemas morales más importantes que sufren las grandes empresas es que a menudo los nuevos trabajadores cobran un 30% más que los antiguos, que llevan trabajando en la empresa diez años. El mercado laboral es tan difícil y tan variable que las empresas tienen que ofrecer más dinero para conseguir nuevos trabajadores.

¿Qué quiere decir esto? Que la vida no es justa. La lealtad, a menudo, no está recompensada. Pero en vez de quejarse por ello, ¿por qué no se aprovechan del estado de los negocios comportándose como el tipo de empleado que sale a buscar el aumento? En vez de quedarse observando cómo lo consiguen los otros, pueden decidir actuar. Recuerden que los aumentos no caen del cielo; tienen que luchar por ellos.

¿Por qué razón su jefe estaría dispuesto a ofrecerles un aumento de un 10%?

Si son buenos en su trabajo y le añaden valor real a los negocios de su jefe, las posibilidades de que obtengan un aumento en las próximas nueve semanas son realmente altas. En cambio, si no son buenos en el trabajo y no añaden valor real, las posibilidades de que consigan un aumento son bajas. Esto son simplezas. Las mismas empresas que están ofreciendo a sus nuevos empleados un 30% más que a los empleados habituales también están convirtiendo en un objetivo proactivo vender al 25% de su plantilla. Esto se debe a que se han dado cuenta de que es más barato pagar más por un empleado que pueda producir resultados rápida y consistentemente que intentar aumentar el nivel de conocimiento de un empleado mediocre que haya estado trabajando en la empresa durante años.

Por eso, antes de salir a pedir ese aumento, pregúntense sinceramente si se lo merecen. Si la respuesta es afirmativa, tendrán muchas más posibilidades de que su jefe les ofrezca un aumento que de que les busque un sustituto. La mayoría de ofertas profesionales en el mercado laboral actual están cubiertas por agencias o cazatalentos, cuyos honorarios se basan en los salarios de los puestos que se deben cubrir. La comisión estándar empieza en un 30%, lo que significa que pueden gastarse más de 15.000 dólares en las tasas de una agencia sólo para sustituir a un empleado que gane 50.000 dólares al año. Y esto no incluye la preparación y resta productividad. Al final, a su jefe le puede costar unos 150.000 dólares encontrar a alguien que ocupe su lugar y luego conseguir que ascienda (e incluso así no existen garantías de que sea tan bueno como ustedes).

De repente, ¿verdad que la petición de un aumento del 10% empieza a parecer más razonable? Perfecto. Así es como tienen que pensar.

No conoce a mi empresa; simplemente no ofrece aumentos del 10%

A menudo, la gente desacredita el concepto de Proactive Income porque en algunos puestos de trabajo nadie obtiene aumentos del 10%, nunca. Una vez una mujer en uno de mis seminarios me planteó:

—En la empresa donde trabajo tienen la política de no ofrecer nunca un aumento superior al 4%. Así es como funciona y así es como lo hará siempre.

En otro seminario, otra mujer me hizo un comentario similar:

—Todos nosotros somos miembros de un sindicato –me explicó–. Nuestros sueldos para los próximos tres años están estipulados por contrato.

Mi respuesta a estas dos mujeres fue la misma:

–Señoras –les respondí– esto es América. Nadie las está forzando a trabajar en su empresa. Ustedes *han decidido* trabajar allí. Si continúan en un puesto de trabajo, en el que obtienen un aumento anual fijo sin posibilidad de obtener más, no sólo están perdiendo una renta adicional que se pueden merecer, sino mucho peor pueden estar perdiendo la pasión por vivir.

Le pregunté a la mujer que trabajaba para la empresa con aumentos del 4% si continuaba estando apasionada por su trabajo.

–¿No es difícil continuar motivada cuando sabe que independientemente de lo bien que haga su trabajo nunca verá recompensado su esfuerzo?

Me miró tristemente y contestó:

–Sí, es muy frustrante. No existe ninguna motivación para realizar bien el trabajo.

–En otras palabras –intervine– la están motivando a hacer un trabajo mediocre. Lo que realmente significa que la están motivando a ser una persona mediocre, que es la peor manera de enfocar la vida.

La mujer se mostró sorprendida.

–Bueno, yo no me considero mediocre –protestó–, ¿pero usted se esforzaría si estuviera en mi lugar?

–De ningún modo –aseguré–. Lo que haría sería pedir un aumento mayor y si no me lo concedieran empezaría a buscar nuevas oportunidades para mi carrera.

A veces no necesitan que los amenacen para abandonar

A la gente de administración les pagan por decir: «Lo siento, pero así es como funciona.» De hecho, las empresas hacen excepciones a sus políticas a cada momento. Los trabajadores que se acercan a administración con ideas sobre cómo la empresa puede actuar más eficientemente o ganar más dinero –o los que pueden demostrarles a sus jefes de qué manera específica pueden añadir más valor– a menudo descubren que esa política de aumentos fijos anuales no es tan rígida como habían pensado.

También es importante no abandonar en el caso de que su primera petición de aumento (o su primera sugerencia sobre cómo la empresa puede ganar más dinero) no sirva de nada. Sólo porque se lo hayan denegado en una ocasión no significa que lo vuelvan a hacer la segunda vez que lo pida. O la tercera. Recuerden que de lo que estamos hablando es de su renta. Vale la pena luchar por ella. En esto consiste ser proactivo. No les dé vergüenza pedir más dinero. Se lo merecen.

¿Cómo van a obtener un aumento si son autónomos?

Los autónomos pueden obtener sus propios aumentos incrementando lo que cobren por servicios que ofrecen. Si cobran 40 dólares por hora, necesitan aumentar sus tasas un diez por ciento hasta obtener 44 dólares por hora. Mi jardinero aumenta sus tasas un 5% cada seis meses, como un reloj. A veces me argumenta una razón, como el aumento del precio de la gasolina o del fertilizante. Aunque, en general, los incrementos son tan graduales que ni siquiera los percibo.

Hasta el día en que me puse a pensar en este tema y me di cuenta de que sus tasas se habían duplicado en menos de cinco años. Sin lugar a duda, puede comprarse un coche deportivo flamante cada año. Ha estado ofreciéndose de forma proactiva un aumento de más del 10% al año desde que lo conozco. Muy inteligente. ¿Pero saben qué? Ustedes pueden hacer lo mismo. Por eso, independientemente de lo que cobren en la actualidad, quiero que aumenten sus tasas un 10% como mínimo. Si no saben cómo hacerlo, entonces empiecen a cobrar un 5% más y propónganse como objetivo aumentar sus tasas otro 5% en menos de doce meses. En un año, se habrán ofrecido un aumento de un 10%.

Por ahora hemos cubierto la mayoría de preguntas básicas. A continuación entraremos en los detalles y les explicaré cómo incrementar su renta como mínimo un 10% en las próximas nueve semanas.

El plan *Proactive Income* en nueve semanas

PRIMERA SEMANA:
Sean realistas.

La primera semana es el momento de ser realistas; el plan debe empezar con una conversación terriblemente sincera en la que usted y su pareja deben hablar sobre cuál es su comportamiento actual respecto a sus carreras.

Lo más importante en este punto es no acusar al otro ni quejarse por lo que debería haber hecho el año anterior o el otro. Lo pasado pasado está. No pueden volver atrás y obtener un aumento por los últimos cinco años. Tienen que centrarse en la actualidad y en lo que puedan hacer en un futuro. La mejor forma que conozco de hacerlo es retroceder y observar de una forma objetiva la situación.

A continuación les muestro los aspectos en los que deben centrarse.

¿Cuánto dinero ganan si lo cuentan por horas?

Si les están pagando un salario regular, esto debería ser relativamente sencillo, pero calcúlenlo correctamente. Es decir, deben pensar cuántas horas trabajan a la semana realmente. Hoy en día, a la mayoría de personas les pagan por una semana laborable de cuarenta horas, aunque muchos están trabajando entre cuarenta y cinco y sesenta horas por semana. En muchos casos, la gente se marcha del despacho y cuando llega a casa se pone a trabajar unas horas extra delante de su ordenador personal resolviendo cosas por Internet. O siempre llevan encima el teléfono móvil o el busca, que les permiten estar en contacto constante con la oficina, es decir, que independientemente de dónde se encuentren o de lo que estén haciendo en realidad siempre están trabajando. Saber lo que ganan por hora es muy importante para valorar su valía personal y su tiempo. Sean sinceros. ¿Cuál es su salario por horas real?

Recientemente, sufrí el impacto de saber lo que se gana en una hora cuando recibí la factura de un fontanero que había venido a mi casa a arreglar un problema y que había estado siete minutos trabajando.

Me quedé impresionado por la cantidad.

—Pero si sólo estuvo siete minutos trabajando —le comenté.

Se encogió de hombros.

—No importa si estuve siete minutos o cincuenta y nueve y treinta segundos. Yo cobro por cada hora y es el tiempo mínimo.

No pude hacer más que sonreír. Este hombre sabía cuál era el valor de su tiempo. Ustedes también necesitan saberlo. Cuando la gente lo sabe, se da cuenta que están ganando mucho menos de lo que creían. Normalmente, esto se debe a que están trabajando sesenta horas por semana aunque sólo les pagan por cuarenta horas. (En cambio, mucha gente que pasa mucho tiempo en la oficina distrayéndose descubre —si realmente son sinceros sobre el tiempo que dedican al trabajo— que les están pagando muy bien.)

¿Trabajan para una buena empresa?

En este momento, deberían saber si están trabajando para una buena empresa, es decir, una con un futuro brillante que le ofrezca oportunidades para ascender. Sean sinceros. A no ser que sean ricos, trabajan para ganar dinero. En otras palabras, están gastando su tiempo libre a cambio de unos ingresos. Si trabajan para una empresa pobre, tienen un problema.

Pero la situación todavía es peor si trabajan para una industria en declive. He tenido amigos que trabajaban para industrias con muchos problemas y los he visto trabajar cada año más duro para quedarse en una situación peor. En cambio, tengo otros amigos que se han colocado en industrias crecientes y, por estar en el lugar adecuado en el momento oportuno, han duplicado, triplicado o hasta cuadruplicado sus ingresos en una cantidad de tiempo relativamente corta.

Si actualmente trabajan en un «barco flotante», deberían seguir intentando obtener el aumento del 10%, pero también deberían encontrar otro trabajo lo antes posible. Cuando se trata de su carrera, no es un honor hundirse con el barco.

¿Actualmente tienen una actitud de queja o activa?

Las dos preguntas anteriores pueden empezar a hacerles pensar sobre muchas cosas que pueden no funcionar en su carrera. O, al contrario, pueden hacerles darse cuenta de que tienen un buen trabajo. De cualquier modo, la acción principal que se supone que deben realizar durante la primera semana es valorar la situación.

Sin embargo, cuando hayan acabado de pensar tendrán que actuar. La única verdad es que para incrementar su renta, necesitan encontrarse en lo que denomino una «actitud activa». Pero, lamentablemente, la mayoría nos encontramos en una «actitud de queja».

Esta actitud es peligrosa. No sólo es preocupante para sus amigos y familiares, sino que les impide realizar ningún progreso real.

- El proyecto para el que estamos trabajando es una pérdida de tiempo.
- Nunca se aprecian mis aptitudes (o contribuciones).
- Mi trabajo está demasiado lejos de casa.
- La gestión de la empresa no sabe lo que está haciendo.
- Mis compañeros de trabajo no quieren buscar una solución.
- Mi jefe es un estúpido.
- Mi trabajo va mal.

Se pueden hacer una idea.

Los quejicas convierten las quejas en una afición habitual. Cuando se les pregunta cómo están, la respuesta siempre es una larga lista de quejas. Pero lo peor es que esta conducta puede ser contagiosa. Si ustedes mantienen una relación con una persona quejica, pueden encontrarse a sí mismos respondiendo a sus quejas con una lista con las suyas propias. A menudo, los niños también se ven envueltos y empiezan a quejarse sobre la escuela durante la cena. Muchas parejas forman «grupos de quejas» los fines de semana: se reúnen después de la cena y comparten la terrible semana que han vivido y lo mucho que desearían que el fin de semana fuera más largo.

Puede ser muy divertido detenerse a observarlos.

No estoy señalando a nadie. Yo también me he comportado así en alguna ocasión. Lo más importante es que tarde o temprano tendrán que enfrentarse al hecho de que las quejas no los conducen a ningún lugar. Por eso, si mantienen una relación con una persona quejica —o lo son ustedes— empiecen la semana con un nuevo lema: «¡No más quejas!» O como me dice mi mujer, Michelle: «¡Olvídalo!» (Suele decírmelo de una forma tan insistente que no puedo hacer más que sonreír. Y, a continuación, suelo callarme.)

Por tanto, ya tienen un reto: tienen un periodo de una semana de margen. Durante los primeros siete días de nuestro plan de nueve semanas, está permitido hacer listas, observar y quejarse sobre los problemas de trabajo. Sin embargo, después de la primera semana, el 110% de su tiempo y esfuerzo deben dedicarlos a realizar acciones.

> **SEGUNDA SEMANA:**
> Escriban exactamente lo que desean.

Obtener un aumento del 10% es como conseguir cualquier otro objetivo. El primer paso para hacerlo realidad es escribirlo. Y esta descripción escrita no debería ser una esperanza vaga. Debe ser específico, detallado e incluir una fecha límite.

De este modo, lo que quiero que hagan en la segunda semana es escribir la siguiente información en una hoja: cuánto dinero ganan actualmente, a cuánto dinero quieren que ascienda el aumento que buscan, cuándo planean empezar a esforzarse y cuándo esperan alcanzar su objetivo (es decir, obtener el aumento). Esta última parte es especialmente importante. Si no se fijan una fecha límite, el proceso no funcionará. Sin esta fecha, estarán soñando pero no actuando.

Cuando hayan completado esta información, firmen y escriban la fecha en el papel y hagan que su pareja sea el testigo. De este modo estarán mucho más comprometidos.

La hoja de papel debería tener un aspecto parecido al siguiente:

Nombre: Julie King

Salario actual: 50.000 dólares

Porcentaje de aumento que desea: 10%

Cantidad del aumento en dólares: 5.000 dólares

Nuevo salario anual: 55.000 dólares

Fecha de inicio: 8/1/2001

Fecha límite: 10/1/2001

Firmado: _____

Firma de la pareja: _____

Cuando lo hayan rellenado, hagan varias copias del documento y colóquenlo en lugares por los que pasen constantemente: en el espejo del baño, en la mesilla de noche, en la puerta de la nevera, en el bolso o el monedero.

Obviamente, este ejercicio no debería ocuparles toda una semana. En realidad, no debería costarles más de unos minutos. Pero si tardan una semana, no se preocupen. Lo importante es que escriban sus objetivos y que coloquen la hoja en una sitio visible.

Puede parecer una tontería, pero si no realizan este simple ejercicio, el resto del proceso no funcionará porque su subconsciente no va a creerse que se lo toman en serio. Confíen en mí. Si terminan este ejercicio el primer día de la segunda semana y quieren avanzar a la tercera, pueden hacerlo. Pero no pasen por alto esta parte sólo porque parezca demasiado sencilla.

Lo que cambia más rápido su actitud respecto a la vida y al trabajo es organizar el desorden. Si son personas normales, lo más probable es que su vida –en casa y en el trabajo– esté más desordenada de lo que sería deseable. Tener la casa desordenada sólo es asunto suyo, pero tener la oficina o la mesa del trabajo desordenada les va a costar dinero y, posiblemente, el aumento.

No estoy bromeando. Si su espacio de trabajo está desordenado, todos sus compañeros los verán y les juzgarán por ello. Y estarán en su derecho porque una oficina desordenada implica que probablemente están gastando tiempo –y perdiendo dinero– buscando algún papel. Es un hecho. Según la Sociedad Norteamericana de Demografía, los norteamericanos gastan un total de nueve millones de horas al día buscando objetos perdidos. Esto significa, según el experto Jeff Mayer, el autor de *Time Manegement for Dummies*, que las personas dedican una media de una hora al día buscando documentos en su mesa. De forma parecida, el *Wall Street Journal* informó que la media de ejecutivos de EE.UU. gasta seis semanas al año buscando información perdida.

Lamentablemente, ser organizado no forma parte del temario del colegio ni se enseña en el trabajo. Por consiguiente, la mayoría de nosotros estamos básicamente desprotegidos. Lo cierto es que se han escrito libros enteros sobre la materia y se imparten clases para aprender a ser ordenados. Pero existe una manera sencilla de empezar el proceso. Vayan este fin de semana a su despacho y dediquen un día entero a limpiarlo. Les prometo que el cambio fortalecerá su actitud y su productividad en el trabajo. De hecho, a parte de cambiar de trabajo o de carrera, no hay casi nada más que puedan hacer que tenga tanto impacto en su vida laboral como limpiar su despacho. Y también deben incluirse a los que creen que ya son ordenados.

Yo experimenté el poder de la limpieza del despacho en primera persona hace unos tres años. Hasta ese momento, era un desastre absoluto. Tenía informes de investigación y antiguas copias del *Wall Street Journal* apilados en tres niveles. No había ni un centímetro de espacio libre. Como consecuencia, empezaba mi jornada laboral sintiéndome agobiado y la terminaba sintiéndome exhausto.

En la actualidad, mi despacho está muy limpio y mis archivadores están casi vacíos. Cuando llego a la oficina, me siento contento. Sólo esto hace que me sienta más optimista y más productivo, lo que sé que me permite ganar más dinero.

A continuación les expondré cómo lo hice.

Seis horas para limpiar la oficina

A no ser que su oficina sea una zona desastrosa, este ejercicio no debería costarles más de medio día. Y si lo es, realmente necesitan hacerlo y tomarse todo el tiempo que requiera acabar la labor.

Lo primero que deben tener presente cuando se trata de limpiar el despacho es que siempre deberían hacerlo durante un fin de semana, no en horas laborales. Pónganse unos tejanos y una camiseta, llévense música, algo de comida y dos bolsas de basura, y planifíquense el trabajo para todo el día. Deberían ser capaces de hacerlo en medio día. Pero aunque estén recogiéndolo hasta la noche, plantéense como objetivo finalizar el proyecto en un único día. Es importante para su moral.

Abran las bolsas de basura y empiecen a llenarlas.

Empiecen por la parte superior de la mesa. Recojan cada papel, memorándums y carpeta que se encuentran encima de la mesa y colóquenlos en una caja clasificadora (o en varias cajas, si lo necesitan). Todo. Cuando hayan terminado, la parte superior de la mesa –que probablemente no habrá estado visible durante años– debería estar vacía. Cuando lo hayan conseguido, querría que le sacaran el polvo. No se preocupen por todo el papeleo de las cajas. Se quedarán sorprendidos de lo reconfortante que es ver su despacho limpio.

Lleven las cajas que han llenado a otra sala (o a una zona abierta). Examinen todos los documentos que han sacado de encima de la mesa, uno a uno. Deben tirar cualquier memorando, informe o documento que tenga más de treinta días. Si no fue lo suficientemente importante como para que lo leyeran la primera vez, todavía lo será menos la segunda. También pueden tirar todo lo que no tenga fines legales o lo que no sea muy importante para su carrera. Me apuesto a que el 75% de lo que estaba en su mesa se puede tirar. Guarden los papeles que tienen que conservar y colóquenlos en los archivadores que ustedes habrán etiquetado adecuadamente y luego colóquenlo todo en un armario.

Siguiente objetivo: los cajones del escritorio. Abran todos los archivos y pregúntense: «¿Cuánto tiempo hace que no miro este archivo?» Si la respuesta es más de un año y no se trata de documentos legales que deban conservar, tírenlos. Si resulta que tienen que guardar el archivo, cuestiónense si deben guardar todos los documentos que hay en su interior. Lo más probable es que no ocurra así. Sean crueles con esto y deshágase de todo lo que no necesiten. En pocas horas debería quedar libre la mitad del espacio de los archivos.

Llévense a casa los recuerdos personales que no quieran. Al recoger todos los papeles de la oficina, se verán motivados a llevar cosas nuevas. Renovar las plantas, llevar nuevas fotografías. Si pasan entre cuarenta o cincuenta horas a la semana en el despacho —lo que la mayoría hace— deben convertirlo en un ambiente agradable, y no simplemente tolerable.

Comprométanse a mantener su nueva oficina limpia… realmente limpia. Seamos realistas, a no ser que cambien de hábitos de forma radical, van a volver a desordenar la oficina en menos de nueve semanas. Pero no lo permitan. Seguro que todos conocemos a personas que se excusan diciendo: «Así es como soy. Estoy demasiado ocupado para ser limpio.» Esto no es una justificación. La verdad es que una oficina limpia puede ayudarles a ganar más dinero. Cuanto más peso tengan en la estructura de poder de la empresa, más limpia estará su oficina. No creo que sea una coincidencia. Los clientes y los compañeros de trabajo los tomarán más seriamente y les respetarán más si su espacio de trabajo está limpio y tiene una apariencia profesional.

Tiren un documento a la basura
y comprueben si se lo vuelven a enviar...

Un ejecutivo con éxito me explicó una vez que tiraba todo su correo interno. Cuando le pregunté qué ocurría si perdía algo realmente importante en el proceso, me respondió:

—David, el 95% de los papeles que envían las empresas son innecesarios. Hay personas que cobran por crear estos papeles, imprimirlos y distribuirlos. Es casi todo el papeleo por el que nadie pregunta y que casi seguro que no necesitamos. Si es realmente importante y lo tiro, me lo volvían a enviar. Siempre habrá alguien que me haga saber que he perdido un documento importante.

De todos modos, también me explicó, que si esto ocurre en cinco ocasiones a lo largo del año, ya son muchas.

En aquel momento, pensé que estaba loco. Con el paso de los años, sin embargo, he aprendido que tenía razón. Hoy en día, lo tiro casi todo. En pocos casos, abro el correo (electrónico u ordinario) que no he pedido. Si no tienen disciplina, pueden gastar muchas horas al día leyendo comunicados sin interés. Es una locura.

Cuando hayan terminado con la oficina, limpien su casa

Después de que hayan terminado con la oficina, su siguiente trabajo es intentarlo con la casa. Utilicen estos tres criterios para decidir qué deben conservar y qué deben tirar: (1) ¿les gusta? (2) ¿lo utilizan? (3) ¿tiene un valor real o sentimental? Si no pueden responder afirmativamente como mínimo a una de estas preguntas, tírenlo.

La mayoría de gente tiene armarios repletos de ropa que no se ha puesto en años. Si tienen un objeto en casa que no han utilizado o que no se han puesto en un año, es probable que no lo necesiten más. Dejen que otra persona lo aproveche, obtengan una deducción de impuestos y reduzcan el desorden de su vida. Limpiar su casa con su pareja no es sólo muy positivo, sino que no les cuesta nada. (Mi sugerencia es que lleven todos estos objetos a una organización solidaria. Tendrán una casa más limpia y se sentirán bien por ayudar a los otros. Es un doble logro.)

La única razón por la que un jefe le dará un aumento a un empleado es que éste se lo merezca, en otras palabras, que añada valor a la empresa. Por tanto, antes de irle a pedir un aumento a su jefe, necesitan asegurarse de que entienden exactamente cómo hacerlo.

No presupongan que lo saben porque pueden estar muy equivocados. A menudo, la gente se pasa la mayor parte de la jornada laboral centrándose en cosas triviales que no tienen importancia y no en lo que realmente añade valor. ¿Cómo pueden asegurarse de saber de cuáles se trata? Es muy sencillo: preguntándolo.

Lo que les sugiero es que se reúnan con su jefe para hablar sobre cómo pueden añadir valor. Explíquenle que su misión consiste en mejorar la calidad de lo que hace y que les gustaría discutirlo con él durante cinco minutos. Lleven una libreta y un bolígrafo a la reunión y explíquenle al jefe que su objetivo es descubrir dos cosas: (1) qué es lo que están haciendo en ese momento que sirva para añadir valor y (2) qué más podrían hacer.

Es todo lo que necesitan hacer. Cuando le hayan planteado estas preguntas, su trabajo consiste simplemente en escuchar (y tomar notas) las respuestas del jefe. Cuando haya terminado de responder, deberían repetir lo que han entendido del mensaje. Luego, confiésenle que querrían volver a quedar con él en unos días, después de haber podido poner en práctica el plan de acción basado en sus sugerencias.

Pueden llevarse a casa las notas de la conversación y pasarlas al ordenador. Luego, elaboren un calendario sencillo con las cosas que pueden hacer para cumplir lo que su jefe quiere y escríbanlo también a ordenador. Cuando tengan la segunda reunión, proporciónenle un resumen de lo que han escrito y un calendario. Explíquenle que se comprometen a hacer lo que sea necesario para añadir valor. Les prometo que su jefe se quedará impresionado. Nadie realiza este tipo de cosas. Puede ser sencillo, pero es la manera más eficaz para preparar el camino hacia su aumento.

Si son autónomos, pueden hacer lo mismo con sus clientes. Pregúntenles qué es lo que podrían hacer para añadir valor a sus servicios.

Puede ser que los clientes tengan la clave de cómo podrían incrementar sus ingresos. Sólo tienen que preguntárselo.

También pueden hacer este ejercicio con su pareja. A menudo, la mayoría de personas pierde la visión de lo que proporcionan a la relación que están manteniendo. Cuanto más saben, más fácil es mejorar la relación y obtener más diversión. Puede ser que esto no tenga nada que ver con su renta, pero está absolutamente relacionado con su felicidad. Si tienen hijos, inténtenlo con ellos. Pregúntenles que podrían hacer como padres para añadir valor a su relación. Pueden encontrarse con que se cambian los papeles y les plantean la misma pregunta.

QUINTA SEMANA:
Céntrense en la norma 80/20.

Si están acostumbrados al mundo de los negocios, puede ser que estén familiarizados con esta idea que en comercio y vendas significa que el 80% de sus ingresos tiende a proceder del 20% de sus clientes. Esta noción se basa en la idea que expuso hace más de un siglo un sociólogo italiano llamado Pareto. Lo que se convirtió en el Principio de Pareto exponía básicamente que el 20% de lo que hace cuenta por el 80% de sus resultados. En otras palabras, el 80% de su esfuerzo en realidad no vale mucho.

¿Cuál es su 20%?

Comprender las implicaciones de este principio puede transformar su efectividad tanto si es un empleado como un jefe. Si pueden descubrir qué esfuerzos sirven para añadir valor y luego incrementan esta proporción un 30% ¡pueden aumentar su productividad un 50%! Y, en realidad, pueden hacerlo con muy poco esfuerzo adicional.

Las empresas inteligentes han estado sacando provecho de esta realidad de la vida de los negocios durante muchos años. Se dan cuenta de que la clave para el crecimiento y el éxito futuro se encuentra en ser capaces de «sorprender» a sus mejores clientes.

¿Y qué pasa con su carrera o su negocio? ¿De dónde provienen la mayor parte de sus ingresos? ¿Qué le dijo su jefe cuando le preguntó cómo podía añadir valor a la empresa? Si es autónomo, ¿sabe cuáles son sus mejores clientes? ¿Puede hacer una lista de los que forman su 20% en este momento? Si en los próximos treinta y seis meses pueden obtener un nuevo grupo de clientes como los que ocupan actualmente este 20%, es probable que dupliquen el tamaño de su negocio. Lo más importante de la norma 80/20 es que cuanto más puedan identificar –y centrarse– el 20% del esfuerzo que produce el 80% de los resultados, más éxito obtendrán.

Recuerden que podrían pagarles por su tiempo, pero les premian por los resultados. Durante esta semana, céntrense e imagínense en cómo realizan el trabajo que realmente produce los resultados que son responsables de la mayoría de su renta. A partir de ahora, deben centrarse más en estas actividades y menos en el resto que ocupa el 80% de su tiempo pero que en realidad no produce nada valioso. Hablando claro: todo gira alrededor de centrarse en los resultados obtenidos y en olvidar todo lo demás que les hace gastar energía y tiempo.

SEXTA SEMANA:
Arriésguense.

Una parte muy importante de ser capaz de obtener un aumento es tener la confianza suficiente para pedirlo. A mucha gente le falta esta confianza porque han estado trabajando con la cabeza baja durante tanto tiempo y tienen tan poca idea de lo que hay en el «exterior» que no se dan cuenta de lo valiosos que son y de las grandes aptitudes que poseen.

Si no saben lo que otras empresas están pagando por trabajos parecidos a los suyos, no pueden saber lo que deberían ganar. Solía considerarse un poco grosero preguntarles a otras personas cuánto dinero ganan. Pero ya no. No se trata de ser uno del montón. Se trata de mantener el respeto profesional. Si les están pagando 40.000 dólares por realizar un trabajo por el que en otra empresa pagan 65.000, les están estafando. Y no es necesariamente culpa de su jefe. Después de todo, el trabajo de su jefe es mantener los costes bajos. El suyo es aumentar sus ingresos y construir una riqueza.

¿Y cómo van a descubrir si lo que les pagan es justo? El truco está en arriesgarse. Uno de mis ejemplos favoritos de cómo funciona esto está relacionado con una mujer joven llamada Lauren que asistía a mis clases y que luego se convirtió en una de mis clientes. Cuando la conocí, ella tenía veintisiete años y estaba prosperando muy bien en su carrera, ganando 55.000 dólares al año como consultora. Desgraciadamente, tres años más tarde, cuando tenía treinta, su salario sólo había aumentado hasta 65.000 dólares. Lauren se sentía frustrada. La empresa para la que trabajaba no quería pagarle aumentos, a pesar de que ella estuviera trabajando más que nunca.

Después de oír cómo se quejaba sobre su situación por quinta vez, le dije que dejara de lamentarse y que hiciera algo al respecto.

—Coge el teléfono —le sugerí— y llama al principal competidor de tu empresa. Explícales lo que haces, que trabajas duro, que eres muy buena y que te sientes frustrada por tu situación. Cuéntales que puedes estar buscando una nueva oportunidad y pregúntales si estarían interesados en hablar contigo.

Lauren siguió mi consejo. En un mes, la habían citado a tres entrevistas y le habían ofrecido un nuevo trabajo por 95.000 dólares al año más una paga extra de 20.000 dólares; en otras palabras, prácticamente había duplicado su sueldo. Ya pueden imaginarse que su antigua empresa le suplicó que se quedara ofreciéndose a aumentarle el salario anual a 85.000 dólares y prometiéndole que se lo renovarían cada seis meses en vez de cada año.

Por desgracia para ellos, era demasiado tarde. Lauren los abandonó. En poco tiempo su salario base había saltado hasta más de 125.000 dólares al año. El dinero adicional que ahora gana le ha permitido ahorrar lo suficiente como para comprarse una vivienda y con treinta y tres años se está construyendo una riqueza y una carrera responsablemente. Si no se hubiera arriesgado, nunca habría sabido lo que había en el «exterior» y seguiría trabajando duro, infravalorada e infracompensada.

Tengan presente que el mejor momento para buscar trabajo es el actual. Puede que no estén interesados en dejar su trabajo y que se sientan muy felices, pero ¿cómo pueden saber lo que es mejor para ustedes si no tienen ni idea de lo que hay en el exterior?

A continuación, les presento dos acciones rápidas que pueden hacer para arriesgarse.

1. **Busquen por Internet.** El futuro de la búsqueda de trabajo está en Internet. Si no disponen de acceso a Internet desde casa, visiten la biblioteca municipal. Pero no lo hagan desde el trabajo. No sólo no es muy ético sino que muchas empresas controlan la actividad on-line de sus empleados. En otras palabras, navegar por Internet en búsqueda de un nuevo trabajo durante la jornada laboral les puede costar el despido.

La mayoría de las páginas de Internet permiten que los buscadores de trabajo les envíen sus currículums. Éste es un buen servicio, pero si actualmente trabajan para una empresa grande, deben tener cuidado. Un número creciente de empresas importantes recorren estas páginas buscando los currículums de los empleados que están pensando en marcharse. Algunas páginas permiten que les envíen un «currículum ciego», que no incluye ni su nombre ni su dirección postal. (Las empresas interesadas contactan con ustedes mediante una dirección de correo electrónico privada.) Ésta es la forma más segura de arriesgarse.

También deberían buscar en los portales municipales. Actualmente, la mayoría de ciudades poseen páginas web que a menudo contienen una lista de buenos trabajos.

2. **Hablen con sus amigos.** Los mejores trabajos se suelen obtener mediante el sistema de boca en boca. Hoy en día muchas empresas les ofrecen a sus trabajadores pagas extras por valor de miles de dólares si les proporcionan las referencias de alguien al que terminen contratando. Por esto, háganles saber a sus amigos que están buscando un trabajo. Pero sean concretos sobre lo que están buscando: qué tipo de entorno laboral desean, qué tipo de trabajo, salario, etc. Es preferible que sean muy concretos. El trabajo de sus sueños puede estar esperándolos en la empresa de un buen amigo.

Ha llegado el momento de dejar de pensar en lo mucho que desean un aumento y de empezar a planearlo. Durante esta semana, tienen que escribir en una página un resumen de lo mucho que lo desean y de por qué creen que se lo merecen. Hagan una lista de lo que han hecho este año para añadir valor a la empresa en la que trabajan y de cómo creen que pueden añadir más en el futuro. Pueden utilizar este resumen como hoja de referencia cuando vayan a hablar del aumento con su jefe. A menudo, también es una buena idea acompañar su demanda verbal con una escrita. Como mínimo, será imposible que ignoren su demanda. Muchas empresas tienen la política de exigir a sus ejecutivos que respondan a las demandas de aumentos de sueldo cuando se realizan por escrito.

Ahora que ya tienen un resumen escrito y claro de lo que van a pedir y del porqué, tienen que empezar a practicar. Pídanle a su pareja que ocupe el lugar de jefe y comprueben cómo suena su demanda. Si se sienten incómodos practicando esto con su pareja, siéntense solos en una habitación y pruébenlo. Pero independientemente de que lo practiquen solos o delante de otra persona, deberían practicar la presentación en voz alta.

Quiero enfatizar la importancia que tiene que oigan cómo piden un aumento y repetirlo una docena de veces en voz alta. Por un lado, conseguirán que su subconsciente se lo crea. Por otro, necesitan escuchar cómo suena su demanda. Incluso podrían grabarse. Si ustedes son muy «prácticos», esto les va a parecer una tontería, pero confíen en mí. Necesitan oír cómo su voz pide un aumento. No pueden oírse por primera vez cuando lo hagan de verdad. Después de todo, no quieren parecer sorprendidos; tienen que aparentar seguridad. Por tanto, escúchense y sigan practicando hasta que su discurso suene confiado y fresco. Intenten anticiparse al tipo de objeciones que su jefe podría hacerles y practicar las respuestas.

Evidentemente, no importa lo buenos que sean en su trabajo; su jefe no va a lanzarse a sus brazos cuando le pidan un aumento. Su trabajo consiste en mantener los costes bajos. La clave para alcanzar su objetivo es hacerle entender que para la empresa es más económico ofrecerles un aumento que intentar sustituirlos. Lo mismo ocurre si ustedes son autónomos. Practiquen a «pedir» su incremento de tasas, antes de hacerlo.

> **OCTAVA SEMANA:**
> Pidan el aumento.

Pueden prepararse todo lo que quieran, pero no podrán aprovecharse de nada si no se acercan a su jefe y le piden el aumento. Sin una acción directa de su parte, no va a ocurrir nada.

En este momento, deberían saber cuál es la mejor manera de pedir un aumento y deberían estar preparados para hacerlo. Ya han tenido una reunión informal con su jefe. Han aprendido cómo añadir valor a la empresa (y con un poco de suerte lo están haciendo). Se han arriesgado (y con un poco de suerte se han dado cuenta de lo que hay en el exterior). Su despacho está ordenado y se están centrando en el 20% de las actividades más importantes que mejoran su situación. Saben lo que se merecen (que podría ser más de un aumento de un 10%) y están preparados para pedirlo.

Con un poco de suerte, se sienten confiados. Pero si no es su caso, deberían continuar y pedir el aumento. El hecho es que, aunque hasta ahora hayan estado ignorando mis consejos, y lo único que hayan hecho en las siete semanas es tener una reunión con su jefe, siguen teniendo una excelente oportunidad para pedir el aumento. Pero tienen que pedirlo. Por este motivo, deben ignorar a sus amigos o familiares que les digan que van a hacer una locura. Simplemente, fijen una reunión con su jefe y expóngale su situación. Lo peor que les puede ocurrir es que su jefe les diga que no, en ese caso habrán aprendido algo importante (principalmente, que puede haber llegado el momento de empezar a buscar un nuevo trabajo o una carrera nueva, o quizá que necesitan centrarse más en cómo mejorar).

Si son autónomos, esta es la semana en la que deben aumentar sus precios. Concretamente, deberían cobrar a su próximo nuevo cliente un 5% más de lo que les cobran a los antiguos. Si no obtienen nuevos clientes, deberían informarles a los que ya poseen que tienen una nueva estructura de precios.

Un último consejo: cuando pidan un aumento –sea a su jefe o a sus clientes– no se olviden de presentar su demanda en términos de porcentajes, no en cantidades de dólares. «Quiero un aumento de un 10%», suele sonar más suave que «Quiero que me paguen 5.000 dólares más cada año».

> **NOVENA SEMANA:**
> Celebren su éxito.

Aunque no obtengan el aumento de inmediato, deberían celebrarlo. Se necesita coraje para pedirlo y cualquiera que lo pida se merece un golpecito en la espalda. Por eso, deben planear de antemano qué harán ustedes y su pareja para celebrar su acción.

Muy a menudo, en la vida, nos centramos tanto en el resultado que perdemos la visión sobre el proceso. El punto básico de mi concepto de Income Proactive no es simplemente ayudarles a obtener un aumento concreto, sino animarlos a pensar en sus ingresos de una forma diferente. Independientemente de que lo ganaran como empleados o como propietarios de un negocio, deberían pensar en sus ingresos como en algo que ustedes pueden gestionar de forma proactiva y trabajar en ello. La idea no es perseguir una cifra concreta, sino asegurarse de que siempre se centran de forma proactiva en el progreso.

Le he sugerido que pidan un aumento anual de un 10% porque es un objetivo concreto y fácilmente medible. Otros objetivos relacionados con el trabajo, igualmente importantes, pueden implicar promociones, transferencias o más responsabilidad. Independientemente de cuál sea el caso, es importante recordar que no pueden progresar pasivamente. Tienen que ser valientes y actuar.

También deben acordarse de que aunque actuar les proporcionará victorias emocionantes (en las que obtendrán exactamente lo que desean), también tienen que estar seguros que encontrarán obstáculos ocasionales (lo que les frenará en seco). Estas clases de altos y bajos son totalmente normales en el curso de una carrera. Por consiguiente, no deberían perder la oportunidad de celebrar una victoria (por muy pequeña que sea, como por ejemplo limpiar la oficina). Cuanto más se habitúen a felicitarse por pequeñas actuaciones, más dispuestos estarán a arriesgarse y a aceptar retos.

La principal razón por la que la gente deja de esforzarse en el trabajo y en la vida es que se han colocado en una situación de fracaso al decidir que todo lo que no es perfecto no es aceptable. La verdad es que la perfección no existe. La clave para vivir bien y terminar haciéndose ricos es enfocar la búsqueda de progreso como un camino, en el que disfrutan asegurándose de celebrar tanto las pequeñas victorias como las más importantes.

Tómense tiempo para apreciarse

Éste ha sido el último paso de nuestro camino de nueve pasos para aprender cómo vivir bien y acabar haciéndose rico. Me siento honrado por haber tenido la oportunidad de ser su entrenador financiero profesional y su motivador. Espero que hayan disfrutado de este camino y que, a partir de ahora, ustedes y sus parejas miren sus vidas, conjunta e individualmente, con una nueva luz emocionante y clara.

Tres palabras
que marcan la diferencia

Ha llegado el momento de que los dos continúen su camino juntos viviendo de acuerdo con sus valores y haciendo realidad sus sueños y objetivos financieros. Pero quiero acabar expresándoles un pensamiento que creo que es crucial. El dinero puede ser importante, pero no es la única razón de ser ni el único objetivo. Los mejores regalos que podemos recibir como seres humanos son la vida y el amor. En este momento, usted y su pareja ya los poseen y ningún tipo de compra o de inversión se los puede proporcionar.

A menudo, en nuestra búsqueda de objetivos y de riqueza, perdemos de vista lo que más nos preocupa. La vida es corta y a veces se nos escapa de las manos antes de que nos demos cuenta de lo especial que es. Los seguros simplemente proporcionan dinero a la gente que queremos, pero no nos los devuelve. Si viven en una relación con alguien –si han encontrado a la persona especial con la que quieren compartir su vida y su amor– entonces son verdaderamente afortunados porque han conseguido uno de los retos más difíciles. Comparado con esto, obtener dinero es bastante fácil, sobre todo ahora que saben cómo hacerlo correctamente.

Tómense un tiempo para relajarse. Este libro no está pensado para que los dos se cambien uno al otro y que aprendan a sacrificarse. Se trata de un medio que les haga crecer como personas y amar la vida. No tienen que dejar de divertirse para vivir bien y acabar haciéndose ricos. De hecho, cuanta más diversión disfruten a lo largo de este camino que denominamos vida, más posibilidades tienen de vivir bien y terminar haciéndose ricos.

Teniendo esto presente, tómense unos minutos para pensar en por qué aman tanto a su pareja. Recuerden por qué y cómo se enamoraron y qué hace que esa persona sea tan especial. Podrían plantearse dedicar quince minutos a poner esto por escrito. Pero, independientemente de que lo hagan, tómense unos minutos para hacerle saber a su pareja lo mucho que la aman y el porqué. Las palabras «Te quiero» nunca se escuchan lo suficiente. Tenemos una dificultad seria para decir «Te quiero» y el mejor lugar para empezar a acostumbrarnos es en casa. Por este motivo, ofrézcanle una dosis de «Te quiero» a su pareja, a sus padres, amigos y, sobretodo, a sus hijos, si los tienen. Se sentirán mejor y pueden cambiarle la vida a alguien para siempre.

Finalmente, recuerden que este camino al que denominamos vida es un regalo. No debería ser necesario perder a un ser querido o ponerse muy enfermo para apreciarla. Mi deseo es que empiecen a vivir con toda la pasión que tienen dentro. En cinco años, pueden ser simplemente cinco años más mayores o pueden ser cinco años más mayores con una vida mejor, con más pasión y más próxima a la riqueza. En último término, la elección es suya y se determinará por lo que hacen y no por lo que desean. Espero que de algún modo este libro les haya ayudado a fijarse en sus vidas y a emocionarse por su futuro. Intentar conseguir nuestros sueños implica fuerza y, desde el fondo de mi corazón, sé que ustedes tienen la necesaria.

Hasta que nos volvamos a encontrar a lo largo del camino…
diviértanse y vivan con riqueza.

Apéndice 1

¿Adónde va a parar realmente el dinero?

Una de las partes más importantes de obtener una vida financiera conjunta es tener un conocimiento sólido de cuál es exactamente su patrimonio neto. Para hacerlo, pueden utilizar el formulario que les he preparado a continuación.

En primer lugar, determinen cuánto dinero ganan...

Ingresos

Sueldos, comisiones, ingresos en el caso
de los trabajadores autónomos $_____

Dividendos de acciones, bonos, fondos de inversión,
cuentas de ahorro, certificados de depósitos, etc. $_____

Ingresos que provienen de la propiedad en alquiler $_____

Ingresos que provienen de las cuentas
de fideicomiso (normalmente indemnizaciones
por fallecimiento provenientes del Estado) $_____

Alimentos, ayuda para los niños, beneficios de
la seguridad social para persona viudas $_____

Beneficios seguridad social $_____

Otros ingresos $_____

Total de ingresos mensuales $_____

En segundo lugar, determinen lo que gastan

Sus gastos

Impuestos

Impuestos sobre la renta $_____

Impuestos sobre el patrimonio $_____

Impuestos de la Seguridad Social $_____

Impuestos especiales $_____

Total de impuestos $_____

Vivienda

Pagos de la hipoteca o del alquiler
de la primera residencia $_____

Facturas de la luz $_____

Seguro de propiedad o de alquiler $_____

Reparaciones o mantenimiento de la vivienda $_____

Servicio de limpieza $_____

Plataformas de televisión digital $_____

Teléfono $_____

Servicios adicionales $_____

Cuota mensual por la conexión a Internet $_____

Total de los gastos de la vivienda $_____

Coche

Préstamo o alquiler coche $_____

Gasolina $_____

Seguro del coche $_____

Teléfono coche $_____

Reparaciones o servicios $_____

Aparcamiento	$_____
Peajes	$_____
Total de gastos del coche	$_____

Seguro

Seguro de vida	$_____
Seguro por discapacidad	$_____
Total de gastos de seguro	$_____

Comida

Supermercados	$_____
Comida fuera de casa	$_____
Total de gastos en comida	$_____

Cuidados personales

Ropa	$_____
Lavandería/Tintorería	$_____
Cosméticos	$_____
Cuotas del gimnasio y/o de un entrenador personal	$_____
Diversión	$_____
Cuotas clubes de campo	$_____
Miembros de asociaciones	$_____
Vacaciones	$_____
Aficiones	$_____
Educación	$_____
Revistas	$_____
Regalos	$_____
Total de gastos de los cuidados personales	$_____

Médico

Seguro médico $\underline{\hspace{3cm}}

Medicamentos mensuales y recetas $\underline{\hspace{3cm}}

Gastos en el médico o dentista $\underline{\hspace{3cm}}

Total de gastos en el médico $\underline{\hspace{3cm}}

Miscelanea

Gastos tarjetas de crédito $\underline{\hspace{3cm}}

Pagos de préstamos $\underline{\hspace{3cm}}

Alimentos o ayuda a los niños $\underline{\hspace{3cm}}

¡Cualquier cosa que crean que he olvidado! $\underline{\hspace{3cm}}

Total de los gastos de la miscelanea $\underline{\hspace{3cm}}

Total de los gastos mensuales
Factor de la Ley de Murphy

Sumen todos los gastos e increméntenlos un 10% $\underline{\hspace{3cm}}

Total ingresos

Menos el total de gastos mensuales $\underline{\hspace{3cm}}

Patrimonio neto (disponible para ahorros e inversiones) $\underline{\hspace{3cm}}

Apéndice 2

Formulario de la situación financiera
Determinar cuál es su patrimonio actual

Primer paso: Información familiar

Nombre del cliente _____

Fecha de nacimiento _____ Edad _____

Nombre de la pareja _____

Fecha de nacimiento _____ Edad _____

Dirección _____ Ciudad _____ País _____ Código postal _____

Número de teléfono (personal) _____ Número de teléfono del trabajo _____

Fax _____ E-mail _____

Número de teléfono del trabajo de la pareja _____ Fax _____ E-mail _____

Número de la Seguridad Social _____ Número de la Seguridad Social de la pareja _____

Jefe _____ Ocupación _____

Jefe de la pareja _____ Ocupación de la pareja _____

¿Están jubilados? Sí ____ Fecha de la jubilación _____ No ____ Fecha planificada de la jubilación _____

¿Su pareja está jubilada? Sí ___ Fecha de la jubilación _____ No ___ Fecha planificada de la jubilación _____

Estado civil: Soltero _____   Casado _____   Divorciado _____   Separado _____   Viudo

Hijos

Nombre   Fecha de nacimiento   Número de la Seguridad Social

1. _____

2. _____

3. _____

4. _____

5. _____

Personas dependientes

¿Hay algún miembro de la familia que depende financieramente de usted o que podría depender en un futuro?

(Por ejemplo, padres, abuelos, hijos mayores, etc.) Sí _____ No _____

Nombre   1. _____ Edad _____

Relación/Vínculo familiar _____

Nombre   2. _____ Edad _____

Relación/Vínculo familiar _____

Nombre   3. _____ Edad _____

Relación/Vínculo familiar _____

Nombre   4. _____ Edad _____

Relación/Vínculo familiar _____

Nombre   5. _____ Edad _____

Relación/Vínculo familiar _____

Segundo paso: Inversiones personales (sin incluir las cuentas de jubilación)

Cuentas bancarias

Nombre de la entidad bancaria (por ejemplo, Banco de América)	Tipo de cuenta (corriente, de ahorro, de inversión)	Estado actual (10.000,00 dólares)	Tipo de interés (2%)
1.			
2.			
3.			
4.			
5.			

Ingresos fijos

Hagan una lista de sus inversiones sobre la renta

(Por ejemplo, certificados de depósitos, letras del Tesoro, bonos, bonos libres de impuestos, bonos de ahorro)

Cantidad de dólares	% actual	Fecha de vencimiento
1.		
2.		
3.		
4.		
5.		

Acciones

Nombre de la empresa	Nº de acciones	Precio de adquisición	Valor del mercado aprox.	Fecha de adquisición
1.				
2.				
3.				
4.				
5.				

¿Tienen guardados los certificados de las acciones en una caja de seguridad? Sí _____ No _____

Fondos de inversión y/o Cuentas de inversión

Nombre de la sociedad de inversión/ fondos de inversión	Nº de acciones	Precio base aprox.	Valor de mercado	Fecha de adquisición
1.				
2.				
3.				
4.				
5.				

Anualidades

Empresa	Propietario	Tipo interés	Valor de mercado aprox.	Fecha de adquisición
1.				
2.				
3.				

Otros activos (por ejemplo, propiedad de un negocio, etc.)	Valor de mercado aprox.
1.	$
2.	$
3.	$

¿Participan en un plan de jubilación proporcionado por su empresa?

(Esto incluye planes de jubilación diferidos de impuestos) Sí _____ No _____

| Empresa dónde está su dinero | Tipo de plan | Valor aproximado | % de su contribución |

Usted:

1. _____

2. _____

3. _____

Su pareja:

1. _____

2. _____

3. _____

¿Tienen su dinero en un plan de una empresa para la que ya no trabajan?

Sí _____ No _____ Balance _____ ¿Cuándo dejó la empresa? _____

Su pareja

Sí _____ No _____ Balance _____ ¿Cuándo dejó la empresa? _____

Planes de jubilación independientes a su empresa

¿Participo en un plan do jubilación?

| Nombre de la entidad en la que tienen su dinero | Tipo de plan | Valor aproximado |

Usted:

1. _____

2. _____

3. _____

4. _____

5. _____

Su pareja:

1. _____

2. _____

3. _____

4. _____

5. _____

Cuarto paso: propiedad

¿Son propietarios de su casa o la tienen alquilada?

Propia   Hipoteca mensual Alquiler Alquiler mensual

Valor aproximado de la primera vivienda $ _____ Balance de la hipoteca $ _____ =

Capital de su casa __ Cantidad del préstamo __ Tipo de interés del préstamo __ ¿Su préstamo es fijo o variable? __

¿Poseen una segunda residencia?

Valor aproximado de la primera vivienda $ _____ Balance de la hipoteca $ _____ =

Capital de su casa __ Cantidad del préstamo __ Tipo de interés del préstamo __ ¿Su préstamo es fijo o variable? __

¿Poseen alguna otra propiedad?

Valor aproximado de la primera vivienda $ _____ Balance de la hipoteca $ _____ =

Capital de su casa __ Cantidad del préstamo __ Tipo de interés del préstamo __ ¿Su préstamo es fijo o variable? __

Quinto paso: Estado de la planificación

¿Disponen de un testamento o de un fideicomiso activo? Sí _____ No _____ Última fecha de revisión _____

¿Quién le ayudó a crearlo? Nombre del abogado _____

Dirección _____

Teléfono _____ Fax _____

¿Su vivienda está incluida en el fideicomiso o en la propiedad conjunta o de la comunidad? _____

Gestión de riego/Seguro

¿Disponen de un plan de protección para su familia? Sí   No

Compañía del seguro de vida	Tipo de seguro	Indemnización por fallecimiento	Valor real	Primas anuales
1.				
2.				
3.				

Planificación de impuestos

¿Tienen preparados sus impuestos profesionalmente? Sí _____ No _____

Nombre del contable _____

Dirección _____

Teléfono _____ Fax _____

¿Cuál fue su renta gravable del año pasado? _____ ¿Cuál fue su tipo de impuestos estimado? % _____

Sexto paso: *Cash flow*

Ingresos

Ingresos mensuales estimados _____ Ingresos anuales estimados _____

Ingresos mensuales estimados de la pareja _____ Ingresos anuales estimados de la pareja _____

Ingresos del alquiler de la propiedad: Mensuales _____ Anuales _____

Otros ingresos (por ejemplo, seguridad social, pensiones, etc.)

	Tipo de ingresos	Mensual
Anual

1.		
2.		
3.		

Gastos

Gastos mensuales estimados $ _____ Gastos anuales estimados $ _____

¿Cuánto dinero gana al mes después de los impuestos? $ _____

¿Cuánto dinero calcula que gasta?   -$ _____

Cash flow neto   = $ _____

Octavo paso: Patrimonio neto

Total de activos $ _____

Total de pasivos   -$ _____

Patrimonio neto estimado   = $ _____

Información sobre el autor

David Bach, autor del bestseller *Las mujeres inteligentes acaban ricas* (Ediciones Gestión 2000, Barcelona, 2002), es conocido como uno de los asesores y educadores financieros más importantes de EE.UU. Es vicepresidente de una sociedad de inversión importante de Nueva York, es socio del Grupo Bach, que gestiona más de quinientos millones de dólares del dinero de los inversores individuales.

A través de programas de televisión especiales y del rápido crecimiento del sistema de seminarios «Las mujeres inteligentes acaban ricas», como de su libro y cassette, miles de mujeres han aprendido los principios y acciones para alcanzar una seguridad financiera.

Bach, que ha aparecido en varias ocasiones en televisión y en la radio, ha pronunciado centenares de discursos para empresas Fortune 500, en conferencias nacionales y en muchas escuelas incluyendo la Universidad de California Berkeley Extension. Su filosofía sobre la inversión se ha reflejado en el *New York Times*, *BusinessWeek*, *Boston Globe*, *Los Angeles Times*, *San Francisco Chronicle* y otras publicaciones norteamericanas.

Bach vive en San Francisco, California, con su esposa, Michelle.

Pueden consultar su página web en: www.davidbach.com